法律法规新解读 | 第五版

民法典继承编解读与应用

李连宇 编著

中国法制出版社
CHINA LEGAL PUBLISHING HOUSE

全新升级第五版

出版说明

“法律法规新解读”丛书作为一套实用型法律图书，历经四版，以其专业、实用、易懂的优点，赢得了广大读者的认可。自第四版后，相关法律规定已发生较大变化，司法实践中也出现了不少新的法律问题，第五版立足“实用”，以关注民生、服务大众为宗旨，切实提升内容实用性；致力“易懂”，使本丛书真正成为“遇事找法者”运用法律维护权利和利益的利器。本丛书选取与日常生活密切相关的法律领域，将各领域的核心法律作为“主体法”，并且将与主体法密切相关的法律规定汇编收录。

“法律法规新解读”丛书独家打造七重法律价值：

1. 出版专业

中国法制出版社是中华人民共和国司法部主管主办的中央级法律类专业出版社，是国家法律法规标准文本的权威出版机构。

2. 条文解读精炼到位

重难点法条以【条文解读】形式进行阐释，解读内容在吸取全国人大常委会法制工作委员会、最高人民法院等部门对条文的权威解读的基础上，结合实际编写，简单明了、通俗易懂。

3. 实务应用精准答疑

根据日常生活中经常遇到的纠纷与难题，以【实务应用】形式提炼归纳出问题点，对标热点难点，精准答疑解惑。

4. 案例指引权威实用

专设【案例指引】板块，选取最高人民法院公报案例、典型案例、各地区法院公布的经典案例以及中国裁判文书网的终审案例等，以案说法，生动地展示解决法律问题的实例。同时，原文收录一部分最高人民法院、最高人民检察院公布的指导性案例，指导实践更准确、更有力。

5. 关联参见检索便捷

除精选与主体法相关联的法律规定外，在主体法中以【关联参见】的方式链接相关重要条文，帮助读者全方位理解相关规定内容。

6. 附录内容实用丰富

书末收录经提炼的法律流程图、诉讼文书、纠纷处理常用数据、重要法律术语速查表等内容，帮助读者大大提高处理法律事务的效率。

7. 超值赠送增值服务

扫描图书后勒口二维码，免费使用中国法制出版社【法融】数据库。读者可查阅“国家法律法规”栏目和“案例解析”栏目中的“最高法指导案例”和“最高检指导案例”的内容。

中国法制出版社

2023 年 4 月

《中华人民共和国民法典》继承编
法律适用提示

继承制度是关于自然人死亡后财产传承的基本制度。继承法相关法律规范是财产法律制度中的一个组成部分。

继承法通过以来，随着人民群众生活水平不断提高，财产日益增多，因继承引发的纠纷也越来越多，情形也越来越复杂。根据我国社会家庭结构、继承观念等方面的发展变化，《民法典》① 继承编修改完善了继承制度，以满足人民群众处理遗产的现实需要，促进家庭和睦，推进老龄事业和产业发展。《民法典》继承编从第 1119 条到第 1163 条，分一般规定、法定继承、遗嘱继承和遗赠、遗产的处理，共计四章 45 条。

与继承法相比，《民法典》继承编的主要内容有：

1. 关于一般规定。第六编第一章规定了继承制度的基本规则，重申了国家保护自然人的继承权，规定了继承的基本制度。在原《继承法》的基础上，作了进一步完善：

一是增加规定相互有继承关系的数人在同一事件中死亡，且难以确定死亡时间的继承规则（第 1121 条第 2 款）。

二是增加规定对继承人的宽恕制度，对继承权法定丧失制度予以完善（第 1125 条第 2 款）。根据该款的规定，继承人有"遗弃被继承人，或者虐待被继承人情节严重""伪造、篡改、隐匿或者销毁遗嘱，情节严重"以及"以欺诈、胁迫手段迫使或者妨碍被继承人设立、变更或者

① 为便于阅读，本书中相关法律文件名称中的"中华人民共和国"字样都予以省略。

撤回遗嘱，情节严重”的行为，确有悔改表现，被继承人表示宽恕或者事后在遗嘱中将其列为继承人的，该继承人不丧失继承权，符合民法意思自治的基本原则。

2. 关于法定继承。法定继承是在被继承人没有对其遗产的处理立有遗嘱的情况下，继承人的范围、继承顺序等均按照法律规定确定的继承方式。第六编第二章规定了法定继承制度，明确了继承权男女平等原则，规定了法定继承人的顺序和范围，以及遗产分配的基本制度。同时，在原《继承法》的基础上，完善代位继承制度，增加规定被继承人的兄弟姐妹先于被继承人死亡的，由被继承人的兄弟姐妹的子女代位继承（第1128条第2款）。

3. 关于遗嘱继承和遗赠。遗嘱继承是根据被继承人生前所立遗嘱处理遗产的继承方式。第六编第三章规定了遗嘱继承和遗赠制度，并在原《继承法》的基础上，进一步修改完善了遗嘱继承制度：

一是增加了打印、录像等新的遗嘱形式（第1136条、第1137条），适应科学技术的发展需要。

二是修改了遗嘱效力规则，删除了原《继承法》关于公证遗嘱效力优先的规定，切实尊重遗嘱人的真实意愿。

4. 关于遗产的处理。第六编第四章规定了遗产处理的程序和规则，并在原《继承法》的基础上，进一步完善了有关遗产处理的制度：

一是增加遗产管理人制度。为确保遗产得到妥善管理、顺利分割，更好地维护继承人、债权人利益，增加规定了遗产管理人制度，明确了遗产管理人的产生方式、职责和权利等内容（第1145条至第1149条）。

二是完善遗赠扶养协议制度，适当扩大扶养人的范围，明确继承人以外的组织或者个人均可以成为扶养人，以满足养老形式多样化需求（第1158条）。

三是完善无人继承遗产的归属制度，明确归国家所有的无人继承遗产应当用于公益事业（第1160条），符合社会公众对无人继承又无人受遗赠遗产收归国有的后续立法规制的合理预期。

《最高人民法院关于适用〈中华人民共和国民法典〉继承编的解释（一）》于2020年12月25日由最高人民法院审判委员会第1825次会议通过，2020年12月29日公告公布，自2021年1月1日起施行。《最高人民法院关于贯彻执行〈中华人民共和国继承法〉若干问题的意见》根据2020年12月29日《最高人民法院关于废止部分司法解释及相关规范性文件的决定》废止。

目　录

中华人民共和国民法典继承编

关联法规

实用附录

实务应用速查表

案例指引速查表

法律法规新解读系列

中华人民共和国民法典继承编

民法典继承编解读与应用

中华人民共和国民法典继承编

· 2020年5月28日第十三届全国人民代表大会第三次会议通过
· 2020年5月28日中华人民共和国主席令第45号公布
· 自2021年1月1日起施行

第六编 继 承

第一章 一般规定

第一千一百一十九条 【继承编的调整范围】[①] 本编调整因继承产生的民事关系。

条文解读

继承 继承是指继承人对死者生前的财产权利和义务的承受，又称为财产继承，即自然人死亡时，其遗留的个人合法财产归死者生前在法定范围内指定的或者法定的亲属承受的民事法律关系。以继承人继承财产的方式为标准，可以将继承分为遗嘱继承和法定继承，这是对继承的基本分类。

因继承产生的民事关系 因继承产生的民事关系就是继承关系。继承法律关系包括三个方面的内容：

（1）继承法律关系的主体，即依法享有继承权利、承担相应

① 本书条文主旨为编者所加，为方便读者检索使用，仅供参考，下同。

义务的人，主要包括被继承人和继承人、受遗赠人。被继承人就是死亡时遗留财产的自然人。被继承人只能是自然人。因为法人、非法人组织解散或者破产后，需要按照法律规定清算以处理其财产。继承人就是继承遗产或者有权继承遗产的人。受遗赠人就是根据被继承人的遗嘱接受其赠与的人。

（2）继承法律关系的客体，就是遗产，即被继承人死亡时所遗留的个人合法财产。继承法律关系所指向的对象，就是被继承人的遗产。继承法律关系围绕遗产的分割与处分展开。

（3）继承法律关系的内容，就是继承法律关系当事人之间的权利义务关系。在继承法律关系中，继承人享有继承权，同时也承担着相应的法律义务，如在遗产分割前妥善保管存有的遗产，根据遗嘱的要求履行被继承人对继承所附加的义务等。

实务应用

01. 公民的人身权可否被继承？

公民的人身权，如荣誉权、署名权、名誉权等，是一种与特定民事主体的人身密不可分、具有专属性的民事权利。通常情况下，人身权不得买卖、转移、赠与或者继承，即不得以任何形式让与他人。我国法律也规定，遗产只能是财产及一些财产性的权利，而人身权不可被继承。

关联参见

《宪法》第13条；《妇女权益保障法》第58条

第一千一百二十条　【继承权的保护】 国家保护自然人的继承权。

条文解读

继承权 ➡ 继承权是民事权利的一种，是自然人依法享有继承被继承人死亡时遗留的遗产的权利。

继承权的法律特征有：（1）在继承权的主体方面，继承权只能是自然人享有的权利。（2）在取得根据方面，继承权是自然人依照合法有效的遗嘱或者法律的直接规定而享有的权利。（3）继承权的客体是被继承人生前的财产权利。（4）继承权的本质是独立的民事权利。

继承权的取得与实现需要依赖于两个条件：（1）被继承人死亡，这是继承权的前提条件。如果被继承人没有死亡，就不会发生继承的问题，继承人在法律上所享有的仅仅是一种继承期待权。（2）继承人没有丧失继承权。

继承权的具体内容包括：（1）接受与放弃继承的权利。（2）取得遗产的权利。继承人如果不放弃继承，即可依法取得被继承人所遗留的遗产。（3）继承权受到侵害时获得救济的权利。继承权作为财产权利，在受到不法侵害时，继承人当然有权依法寻求救济，可以根据侵权责任编的有关规定主张权利。

案例指引

01. 继承人需要证明有血亲关系吗？[①]

刘某某于1989年8月与藏某红结婚，生育一女藏某某。1995

---

① 参见《一案一说丨继承人需要证明有血亲关系吗？》，载人民政协网 http：//www.rmzxb.com.cn/c/2021-04-18/2832056.shtml，最后访问日期：2023年2月26日。

年2月，刘某某与藏某红协议离婚，约定：藏某某由藏某红抚养，刘某某每月负担抚养费1000元，藏某某为双方当事人今后各自拥有财产的合法继承人之一。1997年12月刘某某又与姚某某结婚，生育子女刘某1、刘乙。2010年8月15日刘某某死亡，遗留房屋、汽车等遗产共计1900余万元，未留遗嘱。

刘某某死后，藏某某主张继承遗产。姚某某私自采取藏某某的头发与刘某某生前使用牙刷中的遗留物，隐名送鉴定机构进行DNA检测，结论排除二人有亲子关系，遂拒绝分配遗产给藏某某。藏某某向法院提起诉讼，请求继承刘某某的遗产。姚某某等人则向法院主张对藏某某与刘某某之间是否存在亲子关系进行鉴定，若存在亲子关系，则藏某某享有继承权；若无亲子关系，则藏某某不享有继承权。藏某某不同意进行鉴定。

一审法院认为，在原告拒绝鉴定时，推定原告不享有继承权无法律依据，也不符合我国婚姻、家庭、道德观念的原则。因此，不同意被告的鉴定申请，原告在该案件中享有继承权。

二审法院对姚某某等人的亲子关系鉴定的请求仍不予支持，除改判确定遗产中房屋所有权的归属外，其余维持一审判决。

再审法院认为，亲子鉴定具有很强的伦理性，涉及父母、子女的隐私权。因此，主张亲子鉴定应当严格限定于父母与成年子女本人，被继承人刘某某生前并未提起否认亲子关系的诉讼，而是依离婚协议履行对藏某某的抚养义务。另外，子女与父母有自然血亲关系，不是享有继承权的必备条件，形成抚养关系的继子女、养子女，没有自然血亲关系也可享有继承权。因此，一、二审不支持姚某某等人亲子鉴定的主张，是依法对藏某某及其母亲名誉权、隐私权的保护，也是对逝者刘某某名誉的尊重，是正确的。

关联参见

《宪法》第13条；《最高人民法院民事审判庭关于钱伯春能否继承和尚钱定安遗产的电话答复》；《最高人民法院复外交部领事司关于外侨的不动产继承问题的函》

第一千一百二十一条　【继承的开始时间和死亡时间的推定】 继承从被继承人死亡时开始。

相互有继承关系的数人在同一事件中死亡，难以确定死亡时间的，推定没有其他继承人的人先死亡。都有其他继承人，辈份不同的，推定长辈先死亡；辈份相同的，推定同时死亡，相互不发生继承。

条文解读

被继承人死亡时 被继承人的死亡时间，包括自然死亡和宣告死亡两种情形。

（1）自然死亡时间的确定：司法实践中，对自然人的死亡确定，是以呼吸停止和心脏搏动停止为生理死亡的时间。自然人的死亡时间，以死亡证明记载的时间为准；没有死亡证明的，以户籍登记或者其他有效身份登记记载的时间为准；有其他证据足以推翻以上记载时间的，以该证据证明的时间为准。

（2）宣告死亡时间的确定：宣告死亡的，根据《民法典》第48条规定确定的死亡日期，为继承开始的时间。即人民法院宣告死亡的判决作出之日视为其死亡的日期；因意外事件下落不明宣告死亡的，意外事件发生之日视为其死亡的日期。

相互有继承关系的数人在同一事件中死亡 ➲ 相互有继承关系的数人在同一事件中死亡的，根据本条第2款规定，确定死亡时间需要根据具体情况判断：

首先，在同一事件中死亡的相互有继承关系的数人，他们的死亡时间如果可以确定的，应当根据客观证据来确定。

其次，如果没有证据能证明他们的死亡时间的先后的，则需要根据各自的具体情况进一步作出推定：

（1）如果有人没有其他继承人，仅有的继承人都在同一事件中死亡的，推定此人先死亡。这样规定就可以使其遗产能够依法被继承，而不会造成无人继承的状况。

（2）如果他们都有其他继承人，就需要再进一步根据他们之间的辈份情况来推定：①辈份不同的，推定长辈先死亡。②辈份相同的，推定同时死亡，相互之间不发生继承。

实务应用

02. 继承开始后，会产生哪些法律效力？

继承一开始，就会产生一系列的法律效力，概括起来，主要包括以下几个方面：

（1）继承人范围的确定。有关利害关系人与被继承人的身份关系是决定利害关系人是否有权成为继承人的依据。只有在继承开始时与被继承人有法定范围内的亲属关系的人才能成为继承人。如果在被继承人死亡时，已与被继承人解除身份关系（如与被继承人离婚、与被继承人解除收养关系）的，则不能成为继承人。如果被继承人死亡时，有第一顺序继承人的，第二顺序继承人就不能参与继承，但若在被继承人遗嘱中给予其一定财物的，则该继承人可参与遗嘱继承，从而成为参与继承的继承人。

（2）遗产范围的确定。现代社会经济交往日益频繁，人们的财产也不断发生变动。对被继承人来说，其生前对财产的处分都具有法律效力，但其死亡后不可能再对财产进行处分，因而其财产数量、种类等都固定下来，并成为继承人继承的对象。当然，遗产也可能发生毁损、灭失、孳息等，从而可能会影响遗产的范围，但这属于遗产的保管、使用收益等问题。

（3）确定遗产所有权的转移。继承一开始，遗产的所有权便转归继承人。继承人为1人的，继承人为单独继承，即取得遗产的单独所有权，继承人为2人及2人以上的，继承人共同继承，遗产为各继承人的共有财产。各继承人可就该共有财产进行分割，也可不予分割而共同占有。

（4）遗嘱效力的确定。遗嘱是单方法律行为，遗嘱可以随时设立、变更、撤销，这就可能导致不同的遗嘱之间发生矛盾。另外，法律对遗嘱的形式及内容都作了必要的限制，因此这还涉及该遗嘱是否合法有效的问题。无论是遗嘱的内容相互矛盾还是欠缺有效要件，遗嘱人均可进行补正，故遗嘱的效力必须是在遗嘱人死亡时才能最终确定。

关联参见

《民事诉讼法》第34条；《最高人民法院关于适用〈中华人民共和国民法典〉继承编的解释（一）》（以下简称《民法典继承编解释（一）》）第1条

第一千一百二十二条　【遗产的范围】 遗产是自然人死亡时遗留的个人合法财产。

依照法律规定或者根据其性质不得继承的遗产，不得继承。

条文解读

遗产 ➲ 遗产是自然人死亡时遗留的个人合法财产。一个人活着的时候对自己所有的财产享有所有权，即便其立了遗嘱确定了死后财产的分割，只要他还活着，其所有的财产仍是个人财产，并非遗产。遗产是继承法律关系的客体，也是继承权的标的。

（1）遗产首先是财产或财产性权益，非财产性权益（人格权、人身权或相关权益）不得作为遗产继承。

（2）遗产必须是合法的财产权，非法的财产权也非遗产的范围。

（3）遗产必须是被继承人个人的财产，他人所有的财产、家庭共有的财产都不属于遗产范围，需要先剥离出去。我国有些财产性权益属于家庭共有，而非属于个人。比如土地承包经营权、宅基地使用权等，根据农村土地承包法、土地管理法的相关规定，获得土地承包经营权、宅基地使用权的主体是以户为单位，这些权利并不属于某个家庭成员。

不得继承的遗产 ➲ 能被继承的遗产应当是能够转由他人承受的财产，有些个人财产性权益虽然合法，但由于法律上的特殊性质，不宜或者不能由他人承继，在这种情况下，法律有必要将其排除在可继承的遗产范围外。

不得继承的遗产主要有两类：（1）根据其性质不得继承的遗

产，这主要是与被继承人人身有关的专属性权利，如被继承人所签订的劳动合同上的权利义务，被继承人所签订的演出合同上的权利义务。（2）根据法律规定不得继承的遗产。根据《民法典》总则编第 8 条的规定，民事主体从事民事活动不得违反法律。如果法律有明确规定某些财产不得继承的，继承人自然不得继承。

实务应用

03. 哪些财产、权利不可继承？

（1）与被继承人密不可分的人身权不能继承。如公民的姓名权、名誉权、荣誉权、肖像权等。

（2）与公民人身有关的债权、债务。另外还需要注意的是，可以成为遗产的债权只包括标的是金钱、财物的债权，其他标的的债权不得继承。

（3）国有资源使用权。如采矿权、狩猎权、渔业权等使用权，因为这些使用权都是通过特定程序授予特定人享有，不能作为遗产。

（4）承包经营权。

（5）宅基地使用权。因为公民使用的宅基地，只能与房屋所有权一起转移，不能作为遗产继承。

（6）丧葬补助金、遗属抚恤金、死亡赔偿款等。这些属于对死者近亲属的精神抚慰和经济补偿，不属于遗产范围，系死者近亲属共同共有的财产，应由死者近亲属中的第一顺序继承人参与分配。

04. 确定遗产范围时应注意哪些问题？

（1）要查明公民死亡后所遗留的财产，其取得方式是否合法。

公民生前非法取得的财产不能作为遗产用于继承。

（2）要查明公民对其生前实际占有的财产，是否确实享有所有权，如是向他人租借的财产，则不能作为遗产用于继承。

（3）要严格区分公民个人的财产及与他人共有的财产，如属共有财产，则应先析产，后继承。

（4）某些被继承人不可转让的人身性权利，如受扶养赡养的权利，领取养老金、退休金、病残人员补助金等权利是不能被继承的。

（5）要明确公民死亡后所遗留的财产在其生前是否已发生了所有权的转移。

（6）要理清抚恤金、生活补助费及保险金是否已明确了受益人，如已明确了受益人，则这些抚恤金、生活补助费及保险金等即属于该受益人所有，而不属于遗产的范围。

05. 被宣告死亡的人重新出现的，被继承的遗产应如何处理？

宣告死亡与自然死亡会产生同样的法律后果，同样会引起遗产的继承。但是，宣告死亡的人如果重新出现，那么被继承的财产该如何处理呢？根据法律规定，被宣告死亡的人有权要求取得财产的民事主体返还财产，一般而言具体的返还办法有：（1）继承人或其他人及其国家或集体组织依法取得财产的，应当返还原物，原物不存在的，应当适当补偿。（2）如果财物已被善意第三人取得（指通过正当途径取得财产的人），被继承人只能要求分得财产的人给予适当补偿，不能再要求善意第三人返还原物。（3）已用于偿还被宣告死亡人债务的财产，无论其债务是否已到期，都不得再要求返还财产。（4）利害关系人隐瞒真实情况，致使他人被宣告死亡取得其财产的，除应当返还财产外，还应当对由此造成的损失承担赔偿责任。

06. 根据法律规定，哪些特定类型的财产性权益可以继承？

（1）著作财产权。《著作权法》第 21 条第 1 款规定："著作权属于自然人的，自然人死亡后，其本法第十条第一款第五项至第十七项规定的权利在本法规定的保护期内，依法转移。"

（2）土地承包收益。土地承包经营权不属于遗产，不能继承，但继承人可以在承包期内继续承包。《农村土地承包法》第 32 条规定："承包人应得的承包收益，依照继承法的规定继承。林地承包的承包人死亡，其继承人可以在承包期内继续承包。"第 54 条规定："依照本章规定通过招标、拍卖、公开协商等方式取得土地经营权的，该承包人死亡，其应得的承包收益，依照继承法的规定继承；在承包期内，其继承人可以继续承包。"

（3）海域使用权。《海域使用管理法》第 27 条第 3 款规定："海域使用权可以依法继承。"

（4）股东资格。《公司法》第 75 条规定："自然人股东死亡后，其合法继承人可以继承股东资格；但是，公司章程另有规定的除外。"

（5）个人独资企业财产权益。《个人独资企业法》第 17 条规定："个人独资企业投资人对本企业的财产依法享有所有权，其有关权利可以依法进行转让或继承。"

（6）合伙企业财产份额；有限合伙的有限合伙人资格。《合伙企业法》第 50 条第 1 款规定："合伙人死亡或者被依法宣告死亡的，对该合伙人在合伙企业中的财产份额享有合法继承权的继承人，按照合伙协议的约定或者经全体合伙人一致同意，从继承开始之日起，取得该合伙企业的合伙人资格。"第 80 条规定："作为有限合伙人的自然人死亡、被依法宣告死亡或者作为有限合伙人的法人及其他组织终止时，其继承人或者权利承受人可以依法取得该有限合伙人在有限合伙企业中的资格。”

（7）基本养老保险个人账户余额。《社会保险法》第14条规定：“个人账户不得提前支取，记账利率不得低于银行定期存款利率，免征利息税。个人死亡的，个人账户余额可以继承。”

（8）保险金。《保险法》第42条第1款规定：“被保险人死亡后，有下列情形之一的，保险金作为被保险人的遗产，由保险人依照《中华人民共和国继承法》的规定履行给付保险金的义务：（一）没有指定受益人，或者受益人指定不明无法确定的；（二）受益人先于被保险人死亡，没有其他受益人的；（三）受益人依法丧失受益权或者放弃受益权，没有其他受益人的。”

（9）台湾同胞投资者投资的财产、工业产权、投资收益和其他合法权益。《台湾同胞投资保护法》第5条规定：“台湾同胞投资者投资的财产、工业产权、投资收益和其他合法权益，可以依法转让和继承。”

案例指引

02. 死亡赔偿款能否作为遗产进行分割？①

死者刘某某系三原告刘甲（12岁）、刘乙（8岁）、刘丙（7岁）之父，系被告刘某、孙某之子。2020年4月23日，刘某某在广州因交通事故死亡，同年12月30日，经广州市白云区人民法院判决保险公司在交强险限额内赔偿11万元，在商业第三者责任险限额内赔偿100万元，车辆驾驶人赔偿10万余元，车主在驾驶人

① 参见王节：《儿子去世 婆媳对簿公堂》，载陕西法院网 http://sxgy.sxfywcourt.gov.cn/article/detail/2022/04/id/6644994.shtml，最后访问日期：2023年2月26日。

赔偿范围内对其中4万元承担补充清偿责任。按责任比例划分后，其中死亡赔偿金77万元、被抚养人生活费36万元。三原告法定监护人在向二被告索要赔偿款时，二被告辩称三原告的母亲杨某在与刘某某离婚后改嫁，对三原告不闻不问，在刘某某身亡后，杨某立即着手于本案争讼，前后明显的反差，二被告有足够理由怀疑其存在个人目的，拒不同意三原告的诉讼请求。故原告诉至紫阳县法院，要求分割赔偿款。

审理经过：法院经审理认为，死亡赔偿款不是遗产，是侵权人及保险公司对死者近亲属的精神抚慰和经济补偿，系死者近亲属共同共有的财产，应由死者近亲属中的第一顺序继承人参与分配，在分割时应充分考虑当事人与死者关系亲疏远近，共同生活的紧密程度及生活来源等因素，参照遗产在各方当事人之间进行合理酌情分配，并扣除被告方因所有权利人的共同利益而支出的合理的、必要的费用。本案中，三原告尚未成年，其生活学习来源主要依靠死者刘某某（已故），被告刘某、孙某也已年老，劳动能力也在逐年下降，但考虑到刘某、孙某还有两个女儿对其赡养，故在分割时应向三原告适当倾斜，本院酌定三原告按照61%分配，被告刘某、孙某按照39%分配，再结合被告前期的支出，判决二被告向三原告支付因刘某某死亡所得赔偿款707047元。

03. 农村小产权房的使用权能否作为遗产继承？[①]

张男与张女系同父异母的兄妹，父亲张某于1987年去世，生前为东北某林场员工，张男于1976年接替张某在林场的工作，户口随之迁出张村。2010年，张男退休后回到山东。张女的生母王

① 参见国家法官学院、最高人民法院司法案例研究院编：《中国法院2022年度案例·婚姻家庭与继承纠纷》，中国法制出版社2022年版，第185页。

某一直居住在张村，直至2009年张村拆迁完毕，村民搬上楼房，王某搬入张村社区102室案涉房产中居住，102室燃气卡、水电费单据的用户名均为王某，后王某于2019年去世，王某生前录有录音遗嘱，102室由张女继承。该房产为农村拆迁改造的小产权房。张女以案涉房产102室系父母遗产为由向法院起诉分割，主张应分份额为15万元。张男辩称，不同意分割，主张拆旧房换来的案涉房产102室与王某没有任何关系，旧房是张男个人所建。

一审、二审法院审理认为，案涉房产尚未取得所有权证书，无法根据不动产登记情况对涉案楼房的性质作出认定。张女亦无法证明旧房由其父母生前出资建设，主张系父母去世后的遗产无事实及法律依据。因此，无法认定案涉房产102室系遗产，张女主张分割，亦无依据。最终，法院判决驳回张女的诉讼请求。

再审法院认为，被继承人王某生前系张村村民，始终在张村居住，因旧房被拆迁而搬入案涉房产102室，王某生前对案涉房产享有使用权和收益权。案涉房产为农村拆迁改造的小产权房，小产权房不具有不动产登记权证，其所有权在法律上无法进行确认，无法进行分割继承，但，小产权房的使用权及收益权属于公民合法遗产范围，可以继承。本案中，因张女的诉讼请求并不明确，且一审、二审均是围绕案涉房产所有权进行审查，故一审、二审处理并无不当。但张女可基于本院再审审查的论述，另行起诉主张权利，必要时可申请司法鉴定，对小产权房的使用价值进行鉴定后作价分割。若本案房产未来可确权，张女可待案涉房产所有权人确定后再主张权利。原审法院裁判并无不当，判决驳回张女的再审申请。

关联参见

《民法典继承编解释（一）》第2条、第39条；《公司法》第75条；《保险法》第42条；《合伙企业法》第50条；《个人独资企业法》第17条；《最高人民法院关于产权人生前已处分的房屋死后不宜认定为遗产的批复》；《最高人民法院民事审判庭关于盲人刘春和生前从事“算命”所积累的财产死后可否视为非法所得加以没收的电话答复》；《最高人民法院关于父母的房屋遗产由兄弟姐妹中一人领取了房屋产权证并视为己有发生纠纷应如何处理的批复》；《最高人民法院关于冯钢百遗留的油画等应如何处理的批复》；《最高人民法院民事审判庭关于招远县陆许氏遗产应由谁继承的电话答复》；《最高人民法院关于高原生活补助费能否作为夫妻共同财产继承的批复》；《最高人民法院关于对遗产中文物如何处理问题的批复》；《住房公积金管理条例》第24条第3款

第一千一百二十三条　【法定继承、遗嘱继承、遗赠和遗赠扶养协议的效力】继承开始后，按照法定继承办理；有遗嘱的，按照遗嘱继承或者遗赠办理；有遗赠扶养协议的，按照协议办理。

条文解读

法定继承 ➡ 法定继承，指继承人不是依照被继承人的遗嘱，而是依照法律的直接规定，包括法律规定的有关继承人的范围、继承人继承的顺序、继承人继承遗产的份额和遗产的分配原则等进行的继承。

遗嘱继承 遗嘱继承，指继承开始后，继承人直接依照被继承人的合法有效的遗嘱继承被继承人遗产的继承制度。在遗嘱继承中，被指定的取得遗产的人必须是法定继承人，反之则不能成为遗嘱继承人。

遗赠 遗赠，指自然人以遗嘱的方式将其个人的财产赠与国家、集体或者法定继承人以外的人，且于其死亡后发生法律效力的民事行为。遗赠必须是无偿的，并且受遗赠权不能转让。同时，继承人只有在优先清偿了遗赠人的一切债务而遗产还有剩余时，才能执行遗赠。立遗嘱的自然人为遗赠人，接受遗赠的人为受遗赠人。

遗赠扶养协议 遗赠扶养协议，指公民与扶养人之间签订的关于扶养人扶养该公民，该公民将财产遗赠给扶养人的协议。按照该协议，扶养人承担该公民生养死葬的义务，享有受遗赠的权利。公民还可以与集体经济组织签订遗赠扶养协议。需要他人扶养，并愿意将自己的个人财产全部或部分遗赠给扶养人的为遗赠人；对遗赠人尽生养死葬义务并接受遗赠的人为扶养人。

法定继承、遗嘱继承、遗赠、遗赠扶养协议的效力 遗嘱继承优先于法定继承：当被继承人留有有效遗嘱的，遗嘱继承排斥法定继承，按照被继承人的遗嘱进行继承。

被继承人生前与他人订有遗赠扶养协议，同时又立有遗嘱的，继承开始后，如果遗赠扶养协议与遗嘱没有抵触，遗产分别按遗赠扶养协议和遗嘱处理；如果有抵触，按遗赠扶养协议处理，与遗赠扶养协议抵触的遗嘱全部或者部分无效。

也就是说，它们之间的效力是：遗赠扶养协议>遗嘱继承、遗赠>法定继承。

实务应用

07. 遗赠和遗嘱继承的区别是什么?

遗赠和遗嘱继承的最大的区别在于：首先，在遗赠中，受遗赠人可以是法定继承人以外的任何自然人，也可以是国家或集体，但不能是法定继承人范围以内的人；而遗嘱继承人只能是法定继承人范围以内的人，并且不能是国家或集体。其次，受遗赠人接受遗赠的，必须在法定期间内作出接受的明确意思表示，超过期限未进行表示的，视为放弃接受遗赠。而遗嘱继承人接受继承的，无须作出明示的意思表示。自继承开始后遗产分割前，遗嘱继承人未表示放弃继承的，视为接受继承。

08. 遗赠扶养协议与遗赠的区别是什么?

遗赠扶养协议虽然具有遗赠财产的内容，但它又不同于遗赠。它们二者有以下根本区别：（1）遗赠扶养协议是双方的法律行为，只有在遗赠方和扶养方双方自愿协商一致的基础上才能成立。凡不违反国家法律规定、不损害公共利益、不违反社会主义道德准则的遗赠扶养协议即具有法律约束力，双方均必须遵守，切实履行。任何一方都不能随意变更或解除。如果一方要变更或解除，必须取得另一方的同意。而遗赠是遗嘱人单方的法律行为，不需要他人的同意即可发生法律效力。遗赠人既可以单方面订立遗嘱，还可以随时变更遗嘱的内容，或者撤销原遗嘱，另立新遗嘱。（2）遗赠扶养协议是有偿的、相互附有条件的，它体现了权利义务相一致的原则。而遗赠是财产所有人生前以遗嘱的方式将其财产遗赠给国家、集体或个人的行为，它不以受遗赠人为其尽扶养义务为条件。（3）遗赠扶养协议既有遗赠财产的内容，还包括扶养的内容。而遗赠只是遗赠财产，没有扶养的内容。（4）遗赠扶养协议从协议成立之日起开始发生法律效力，而遗赠是从遗赠人死亡之日起发生法律效力。

案例指引

04. 遗赠扶养协议的效力优先于遗嘱继承吗？[①]

张老汉年事已高，膝下无儿无女，老伴去世后独自生活，眼看自己年事已高，行动不便，为了在晚年能有人照顾自己，2009年，张老汉与一个远房亲戚宋某某签订了一份遗赠扶养协议，约定由宋某某负责张老汉的生养死葬，张老汉死后的房屋、存款等所有财产归宋某某所有。其间，宋某某尽心照顾张老汉，如实履行了扶养义务。2010年，张老汉身患疾病痊愈后身体每况愈下，邻居刘老汉经常来找张老汉，陪其聊天，疏解心中不快，就此，张老汉与刘老汉结下了深厚的友谊，张老汉为了感谢刘老汉能够在自己弥留之际陪伴自己聊天，于是在意识清醒、第三人见证的情况下，订立了一份遗嘱，明确表示其死后银行存款赠与刘老汉。后张老汉因病去世，留下房产和银行存款等遗产，刘老汉以张老汉的遗嘱为据，要求将银行存款2万元归其所有，宋某某以其早已与张老汉签订遗赠扶养协议，并且自己已经尽了扶养义务为由，主张银行存款应归自己所有，双方就此发生争议，刘老汉诉至法院，要求继承张老汉银行存款2万元。根据《民法典》第1123条规定，在财产继承中如果各种继承方式并存，应首先执行遗赠扶养协议，其次是遗嘱和遗赠，最后才是法定继承。因此，本案中

---

① 参见郑东梅：《老有所依，遗赠扶养协议知多少》，载北京法院网 https://bjgy.bjcourt.gov.cn/article/detail/2019/09/id/4493254.shtml，最后访问日期：2023年2月23日。

应当支持宋某某的主张，张老汉与其签订的遗赠扶养协议效力优先于后来与刘老汉订立的遗赠。

关联参见

《司法部关于在部分公证处开展要素式公证书格式试点工作的通知》;《民法典继承编解释（一）》第3条

第一千一百二十四条 【继承和遗赠的接受和放弃】 继承开始后，继承人放弃继承的，应当在遗产处理前，以书面形式作出放弃继承的表示；没有表示的，视为接受继承。

受遗赠人应当在知道受遗赠后六十日内，作出接受或者放弃受遗赠的表示；到期没有表示的，视为放弃受遗赠。

条文解读

放弃继承 继承权放弃，是指继承人不接受被继承人遗产的意思表示。继承权是继承人依法享有的一种权利，继承人可以放弃，也可以不放弃，任何人不得胁迫、欺诈他人放弃继承。

1. 放弃继承的继承人既可以是遗嘱继承人，也可以是法定继承人。

2. 放弃继承的意思表示可以是继承人本人作出，也可以通过其代理人作出。

3. 放弃继承的意思表示应当在继承开始后、遗产处理前的这段时间内作出。（1）本法第1121条规定，继承从被继承人死亡时开始。因此，放弃继承必须在被继承人死亡后放弃。如果继承人尚未死亡，被继承人就作出放弃继承的意思表示，放弃无效。

(2) 放弃必须在遗产处理前作出。在遗产处理之后，遗产的所有权已经转移给继承人，此时继承人放弃的不是继承，而是所继承遗产的所有权。

4. 放弃继承必须以书面方式作出。在诉讼中，继承人向人民法院以口头方式表示放弃继承的，要制作笔录，由放弃继承的人签名。

5. 放弃继承必须以明示方式作出，不得以默示方式作出。在继承开始后，只要继承人未作出放弃继承的表示，即视为接受继承。

6. 继承人放弃继承，放弃的效力溯及继承开始之时。

接受或者放弃受遗赠 1. 作出接受或者放弃受遗赠的期限为60日，即从受遗赠人知道受遗赠后的60日内作出。

2. 接受遗赠必须以明示的方式作出意思表示，受遗赠人在法定期限不作出意思表示的视为放弃。

3. 在形式上，只要受遗赠人作出意思表示即可，不要求必须以书面方式作出。

实务应用

09. 继承权的承认或者放弃规则是什么？

继承开始后，继承人放弃继承的，应当在遗产分割前，以书面形式作出放弃继承的表示。没有表示的，视为接受继承。遗产分割后表示放弃的不再是继承权，而是所有权。遗产处理前或者在诉讼进行中，继承人对放弃继承反悔的，由人民法院根据其提出的具体理由，决定是否承认。遗产处理后，继承人对放弃继承反悔的，不予承认。放弃继承的效力，追溯到继承开始的时间。

在诉讼中，继承人向人民法院以口头方式表示放弃继承的，要制作笔录，由放弃继承的人签名。继承人因放弃继承权，致其不能履行法定义务的，放弃继承权的行为无效。

10. 遗赠的承认或者放弃规则是什么？

受遗赠人应当在知道受遗赠后 60 日内，作出接受或者放弃受遗赠的表示。到期没有表示的，视为放弃受遗赠。继承开始后，受遗赠人表示接受遗赠，并于遗产分割前死亡的，其接受遗赠的权利转移给他的继承人。

11. 放弃继承权后会产生哪些法律后果？

放弃继承是继承人对自己民事实体权利的一种处分行为，会引起相应的法律后果：

（1）放弃继承的效力，追溯到继承开始的时间。即继承人在遗产分割前放弃继承的，视为其自继承开始就放弃继承权；不但对遗产不享有权利，对被继承人生前的债务不承担义务，而且对遗产的孳息也不享有权利。

（2）放弃继承一般不允许反悔。继承人放弃继承权，是一种单方的法律行为，不必经过人民法院的批准或其他继承人许可。倘若允许撤回，不仅会影响遗产分割的进行，而且不利于继承关系的稳定。按《民法典继承编解释（一）》第 36 条的规定，遗产处理前或者在诉讼进行中，继承人对放弃继承反悔的，由人民法院根据其提出的具体理由，决定是否承认。遗产处理后，继承人对放弃继承反悔的，不予承认。

（3）继承人因不愿履行法定义务，如不愿承担扶养、抚养、赡养义务等原因而表示放弃继承的，必然损害他人的利益。对此，《民法典继承编解释（一）》第 32 条规定，继承人因放弃继承权，致其不能履行法定义务的，放弃继承权的行为无效。

（4）被放弃的继承份额将在参加继承的继承人中分配。如果表示放弃继承的是遗嘱继承人，则放弃的份额应当转归法定继承人继承。如果放弃继承的是法定继承人，其应继承份额由其他法定继承人按法律规定的继承顺序继承；如果放弃继承的是被继承人的唯一法定继承人，则被继承人的遗产归国家或集体享有。

（5）放弃继承，不产生代位继承。如果继承权人生前明确表示放弃继承权，放弃继承权人先于被继承人死亡，在被继承人死亡时，继承人的子女丧失代位继承权。

12. 申请办理放弃继承权公证应注意哪些问题？

申请办理放弃继承权公证应当注意下列问题：

（1）当事人放弃继承权公证的申请应当在法定时间内提出，根据本条规定，应当在被继承人死亡后，遗产处理前这段时间内。

（2）公民申请办理放弃继承权公证，应当由本人亲自到其所在地或行为发生地的公证处办理，而不能委托他人代为办理。

（3）办理公证时，一般需要准备下列材料：本人的身份证明；被继承人的死亡证明；本人与被继承人的亲属关系证明，具体可由本人所在单位人事部门、村（居）委会出具；有本人签名的放弃继承权声明书。

（4）办理公证时，公证处一般会重点审查下列事项：当事人的身份，以及当事人是否享有继承权；当事人的民事权利能力和民事行为能力；当事人放弃继承权的意思是否真实，有无受胁迫、欺骗等情形；当事人放弃继承权的意思表示是否在法定期限内作出。

（5）放弃继承权公证生效后，即对当事人产生法律约束力，一般不能更改。

（6）放弃继承权不应附带其他条件或将自己放弃的权利转给他人，如出现此种情况，则按接受继承办理。

案例指引

05. 接受遗赠必须以明示的方式作出意思表示吗？[①]

李某夫妇于婚后育有一子小峰，小峰于 2019 年去世。涉案房屋登记于小峰名下，单独所有。郭某称与小峰是情侣关系，双方自 1995 年共同居住生活，双方均不存在其他婚姻关系，郭某提交小峰于 2018 年书写的遗嘱，内容是涉案房屋产权归郭某一人继承。郭某提交其对房屋进行装修、交纳物业及供暖费的相关票据。李某夫妇称小峰向其借款 46 万元用于购买涉案房屋，后还款 5 万元，剩余借款未偿还，对此，郭某仅认可借款 4000 元。

根据《民法典》第 1133 条第 3 款规定，自然人可以立遗嘱将个人财产赠与国家、集体或者法定继承人以外的组织、个人。《民法典》第 1124 条第 2 款规定，受遗赠人应当在知道受遗赠后 60 日内，作出接受或者放弃受遗赠的表示，到期没有表示的，视为放弃受遗赠。即自然人享有遗嘱自由的权利，可将其个人所有的合法财产赠与法定继承人以外的人，但受遗赠人接受遗赠的表示应在知道受遗赠后 60 日内作出，以平衡法定继承人与受遗赠人之间的利益。一审法院认为小峰的遗嘱符合自书遗嘱的形式要件，是真实意思表示，合法有效，郭某在知道受遗赠后 60 日内即向法院提起诉讼请求继承房屋，同时李某夫妇无法证明涉案房屋由其出

---

① 参见李宝霞：《失独老人如何行使继承权？》，载北京法院网 https：//bjgy. bjcourt. gov. cn/article/detail/2021/03/id/5854888. shtml，最后访问日期：2023 年 2 月 23 日。

资购买，因此郭某有权主张继承涉案房屋。经审查，老人另有一子可履行赡养义务，且老人有退休收入，因此二审法院予以维持。

关联参见

《民法典》第230条；《民法典继承编解释（一）》第32—38条；《最高人民法院关于继承开始时继承人未表示放弃继承遗产又未分割的可按析产案件处理的批复》；《最高人民法院关于向勋珍与叶学枝房屋纠纷案的复函》；《最高人民法院关于费宝珍诉周福祥房屋析产案的批复》；《最高人民法院关于未成年的养子女，其养父在国外死亡后回生母处生活，仍有权继承其养父的遗产的批复》

第一千一百二十五条　【继承权的丧失】 继承人有下列行为之一的，丧失继承权：

（一）故意杀害被继承人；

（二）为争夺遗产而杀害其他继承人；

（三）遗弃被继承人，或者虐待被继承人情节严重；

（四）伪造、篡改、隐匿或者销毁遗嘱，情节严重；

（五）以欺诈、胁迫手段迫使或者妨碍被继承人设立、变更或者撤回遗嘱，情节严重。

继承人有前款第三项至第五项行为，确有悔改表现，被继承人表示宽恕或者事后在遗嘱中将其列为继承人的，该继承人不丧失继承权。

受遗赠人有本条第一款规定行为的，丧失受遗赠权。

条文解读

故意杀害被继承人 继承人故意杀害被继承人的，不论是既遂还是未遂，均应当确认其丧失继承权。继承人有本条第 1 款第 1 项或者第 2 项所列之行为，即故意杀害被继承人或为争夺遗产而杀害其他继承人，而被继承人以遗嘱将遗产指定由该继承人继承的，可以确认遗嘱无效，并确认该继承人丧失继承权。

为争夺遗产而杀害其他继承人 这是指继承人中的一人或数人出于争夺遗产的动机，而杀害居于其之前或者与其处于同一继承顺序的其他继承人，或者杀害被继承人在遗嘱中指定的继承人。实施杀害行为的继承人误认为后一顺序的继承人会妨碍他继承全部遗产而杀害了后一顺序继承人，也丧失继承权。

遗弃被继承人的，或者虐待被继承人情节严重 遗弃被继承人是指继承人对被继承人故意不尽扶养义务，而使被继承人处于危难或困境中。但是，应将遗弃行为同继承人因为继承人的错误而与之分居或来往不密切严格区分开来。虐待是指对共同生活的家庭成员经常地进行精神上和肉体上的折磨、摧残，如经常打骂、冻饿、禁闭、有病不给治疗、强迫从事过度体力劳动等。是否符合“虐待被继承人情节严重”，可以从实施虐待行为的时间、手段、后果和社会影响等方面认定。虐待被继承人情节严重的，不论是否追究刑事责任，均可确认其丧失继承权。

伪造、篡改、隐匿或者销毁遗嘱，情节严重 继承人实施这类行为多是从利己的目的出发，为使自己多得或者独得遗产，而侵害其他继承人的合法利益。伪造遗嘱是指被继承人本来没有立遗嘱而继承人故意以被继承人名义制作假遗嘱，或者被继承人本来有遗嘱，继承人将其销毁或者隐匿后又另造假遗嘱。篡改遗嘱是指继承人故意改变遗嘱的内容。销毁遗嘱是指继承人故意将遗嘱毁灭。继承人实施了伪造、篡改、销毁遗嘱的行为，并且情节严重的，丧失继承权。继承人伪造、篡改、隐匿或者销毁遗嘱，侵害了缺乏劳动能力又无生活来源的继承人的利益，并造成其生活困难的，应当认定为本条第 1 款第 4 项规定的“情节严重”。

以欺诈或者胁迫手段迫使或妨碍被继承人设立、变更或撤销遗嘱，情节严重 这里的欺诈，是指继承人故意欺骗被继承人，使被继承人陷入错误判断，并基于此错误判断而立遗嘱、变更遗嘱内容或者撤回所立遗嘱。这里的胁迫，是指继承人通过威胁、恐吓等不法手段对被继承人思想上施加强制，由此使被继承人产生恐惧心理并基于恐惧心理而立下遗嘱、修改遗嘱内容或者撤回所立遗嘱。不论继承人是采取欺诈还是胁迫手段，只要导致被继承人的真实意思歪曲，情节严重的，就构成丧失继承权的法定事由。

继承权宽宥 以法定继承权的丧失为前提，宽宥特指被继承人在情感上对继承人的故意或过失行为的谅解或者宽恕。本条第 2 款规定，遗弃被继承人的，或者虐待被继承人情节严重的，或者伪造、篡改、隐匿或者销毁遗嘱，情节严重的，或者以欺诈、胁迫手段迫使或者妨碍被继承人设立、变更或者撤回遗嘱，情节严重的，确有悔改表现，被继承人表示宽恕或者事后在遗嘱中将其列为继承人的，即宽宥，该继承人恢复继承权。宽宥作为被继承人的单方意思表示，不需要相对方即继承人作出任何意思表示便产生法律效力。

实务应用

13. 丧失继承权会产生哪些后果？

继承权丧失自继承开始之日起发生法律效力。如果继承权的丧失是于继承开始后由人民法院确认的，则人民法院对继承人丧失继承权的确认有溯及力，溯及继承开始时发生法律效力。继承人丧失继承权，并非继承能力的丧失，仅是对于特定被继承人的遗产来说无继承资格，这并不影响其对其他被继承人的继承权。继承人丧失继承权的，其晚辈直系血亲不得代位继承。如该代位继承人缺乏劳动能力又没有生活来源，或对被继承人尽赡养义务较多的，可适当分给遗产。

14. 因犯罪被判死刑的人是否还有继承权？

公民因犯罪被判死刑，会被剥夺生命和政治权利。但作为民事权利的继承权是不能被剥夺的，因为这种民事权利的存在是以公民的生存为依据的，只要其没有实施本条规定的5种导致继承权丧失的行为，就仍然享有继承权。被判处死刑但没有丧失继承权的人，如死刑在被继承人死亡之前已被执行，其应得的遗产可按代位继承的规定处理，由其子女或其他晚辈直系血亲代位继承。如果死刑在被继承人死亡之后遗产分割前被执行，其应得的遗产由其继承人进行转继承。如果死刑在被继承人的遗产分割完毕后被执行，其所分得遗产在其被执行死刑后，依法由其继承人进行继承。

15. 继承权的丧失是否须经过司法程序确认？

根据《民法典》的规定，在发生法定事由时继承人的继承权当然丧失，而不必经过司法程序或其他方式确认。但是如果因为继承权的丧失产生争议的，应由人民法院依法裁决，任何人或组织无权作出决定。

案例指引

06. “出走”妻子能否主张继承丈夫遗产？①

周某（女）与蔡某（男）于1987年共同生活，生育一女蔡甲、一子蔡乙。2000年，周某独自带蔡甲离开宿迁到安徽生活至今。2016年12月，蔡某因交通事故死亡，生前未留有遗嘱。周某、蔡甲诉至法院，要求继承蔡某的遗产。蔡乙认为周某自2000年就独自带蔡甲出走，未与蔡某、蔡乙共同生活。后周某与案外人王某长期以夫妻名义共同生活，期间生育子女。即便认定周某与蔡某存在事实婚姻关系，周某离家以及重组家庭的行为已经充分表明其放弃了与蔡某的婚姻和家庭，对蔡某未尽到扶养义务，故不应分得蔡某的遗产。蔡甲与蔡某长期未共同生活，未尽到子女义务，应分得较少的份额。一审法院经审理后针对蔡某的遗产酌定周某分得20%，蔡甲分得30%，蔡乙分得50%。

蔡乙不服上诉。江苏省宿迁市中级人民法院经审理认为，周某与蔡某系事实婚姻关系，周某作为蔡某的配偶，本应依法享有继承权。但是，周某带着蔡甲离家出走16年之久，直至蔡某去世才回来，蔡某独自抚养蔡乙直至其成年。周某作为妻子，作为母亲，未尽到夫妻之间的扶助义务，亦未对蔡乙尽到抚养照顾义务，

---

① 参见《2018年度江苏法院婚姻家庭十大典型案例》，“出走”妻子主张继承丈夫遗产 法院判决丧失继承权，载江苏法院网 https：//www.jsfy.gov.cn/article/91629.html，最后访问日期：2023年2月23日。

对家庭更无任何贡献。周某在离家期间还与他人长期同居生活并生育子女，给蔡某和蔡乙精神上造成严重的伤害，其行为系长期遗弃被继承人及家庭。同时，周某回来后不久即因财产分割问题与蔡乙产生纠纷，其回来的目的并非为了与家庭成员团聚和履行家庭义务。故综合考虑以上情节，法院判定周某无权继承蔡某的遗产。蔡甲在年幼时被母亲周某带离家庭，未能与父亲共同生活，主观上并无过错。但是，鉴于蔡甲在其成年后未对父亲和弟弟尽到陪伴照顾义务，应适当降低其遗产继承比例，酌定蔡甲与蔡乙按照 2∶8 的比例分割蔡某的遗产。遂撤销一审判决，依法予以改判。

关联参见

《民法典继承编解释（一）》第 5—9 条

第二章　法定继承

第一千一百二十六条　【继承权男女平等原则】继承权男女平等。

条文解读

继承权男女平等 继承权男女平等，是继承权平等原则的核心和基本表现。其含义是：（1）男女具有平等的继承权，不因性别差异而有所不同。（2）夫妻在继承上有平等的权利，有相互继承遗产的权利，如夫妻一方死亡后另一方再婚的，有权处分所继承的财产，任何人不得干涉。（3）在继承人的范围和法定继承的顺序上，男女亲等相同，父系亲与母系亲平等。（4）在代位继承中，男女有平等的代位继承权，适用于父系的代位继承，同样适用于母系。

关联参见

《宪法》第49条；《妇女权益保障法》第58—59条

第一千一百二十七条　【继承人的范围及继承顺序】遗产按照下列顺序继承：

（一）第一顺序：配偶、子女、父母；

（二）第二顺序：兄弟姐妹、祖父母、外祖父母。

继承开始后，由第一顺序继承人继承，第二顺序继承人不继承；没有第一顺序继承人继承的，由第二顺序继承人继承。

本编所称子女，包括婚生子女、非婚生子女、养子女和有扶养关系的继子女。

本编所称父母，包括生父母、养父母和有扶养关系的继父母。

本编所称兄弟姐妹，包括同父母的兄弟姐妹、同父异母或者同母异父的兄弟姐妹、养兄弟姐妹、有扶养关系的继兄弟姐妹。

条文解读

法定继承人的范围及继承顺序 ➲ 法定继承人的范围及顺序如下：

1. 第一顺序法定继承人：配偶、子女、父母。

配偶，是指因合法的婚姻关系而确立夫妻身份的男女双方。

子女，包括婚生子女、非婚生子女、养子女、有扶养关系的继子女。

父母，包括生父母、养父母和有扶养关系的继父母。

此外注意：（1）丧偶儿媳对公婆，丧偶女婿对岳父母尽了主要赡养义务的，作为第一顺序继承人。（2）被收养人对养父母尽了赡养义务，同时又对生父母扶养较多的，除可以依照本条规定继承养父母的遗产外，还可以依照《民法典》第1131条的规定分得生父母适当的遗产。（3）继子女继承了继父母遗产的，不影响其继承生父母的遗产。继父母继承了继子女遗产的，不影响其继承生子女的遗产。

2. 第二顺序法定继承人：兄弟姐妹、祖父母、外祖父母。

兄弟姐妹，包括同父母的兄弟姐妹、同父异母或者同母异父的兄弟姐妹、养兄弟姐妹、有扶养关系的继兄弟姐妹。养子女与生子女之间、养子女与养子女之间，系养兄弟姐妹，可以互为第二顺序继承人。被收养人与其亲兄弟姐妹之间的权利义务关系，因收养关系的成立而消除，不能互为第二顺序继承人。继兄弟姐妹之间的继承权，因继兄弟姐妹之间的扶养关系而发生。没有扶养关系的，不能互为第二顺序继承人。继兄弟姐妹之间相互继承了遗产的，不影响其继承亲兄弟姐妹的遗产。

实务应用

16. 继子女继承了继父母的遗产后，对生父母的遗产是否还有继承权？养子女对其生父母的遗产是否享有继承权？

（1）继子女与继父母之间因抚养关系而形成的父母子女关系

是一种拟制的血亲关系，他们之间形成这种关系后，继子女和其生父母的关系并不会因此而解除，也就是说，这种情况下，继子女和继父母之间以及生父母之间形成了双重的父母子女关系。因此，继子女在继承了继父母的遗产后，对生父母的遗产还有继承权。对此,《民法典继承编解释（一）》第 11 条明确规定：“继子女继承了继父母遗产的，不影响其继承生父母的遗产。继父母继承了继子女遗产的，不影响其继承生子女的遗产。”

（2）养子女与养父母形成收养关系之后，彼此之间就形成了父母子女关系，而养子女与生父母之间的父母子女关系就相应地解除了。对此，《民法典》第 1111 条明确规定：“自收养关系成立之日起，养父母与养子女间的权利义务关系，适用本法关于父母子女关系的规定；养子女与养父母的近亲属间的权利义务关系，适用本法关于子女与父母的近亲属关系的规定。养子女与生父母以及其他近亲属间的权利义务关系，因收养关系的成立而消除。”因此，在养子女已经与其生父母不存在父母子女关系的情况下，养子女当然对其生父母的遗产不再享有继承权。不过，根据《民法典继承编解释（一）》第 10 条的规定，被收养人对养父母尽了赡养义务，同时又对生父母扶养较多的，除可以依照《民法典》第 1127 条的规定继承养父母的遗产外，还可以依照《民法典》第 1131 条的规定分得生父母适当的遗产。

17. 声明断绝子女关系的父母子女之间是否还有权相互继承遗产？

根据我国《民法典》的规定，父母子女关系分为两大类：自然血亲的父母子女关系和拟制血亲的父母子女关系。自然血亲的父母子女关系是基于子女的出生事实而产生的，其中包括生父母和婚生子女的关系、生父母和非婚生子女的关系。

自然血亲的父母子女关系，只能因依法送养子女或父母子女一方死亡的原因而终止，不能通过法律程序人为地加以终止。因此，现实生活中，由于家庭内部产生矛盾，出现所谓的断绝子女关系的声明，都是没有法律效力的。既然这种声明没有法律效力，父母子女之间的权利义务关系仍然存在，相互之间的继承权也不会消失，除非一方有《民法典》第1125条规定的丧失继承权的情形或自愿放弃继承权。

拟制血亲的父母子女关系，主要是指养父母子女关系及继父母与具有抚养关系的继子女之间的关系。拟制血亲的父母子女关系可以解除，但有限定条件，《民法典》第1114条规定，收养人在被收养人成年以前，不得解除收养关系，但是收养人、送养人双方协议解除的除外。第1115条规定，养父母与成年养子女关系恶化、无法共同生活的，可以协议解除收养关系。根据这两条规定，准许收养人一方与被收养人解除收养关系，要同时具备两个条件：一是被收养人已经成年；二是养父母与养子女关系恶化，已无法共同生活。拟制血亲的父母子女之间申明断绝父母子女关系，且符合法定解除父母子女关系条件的，双方的父母子女关系不复存在，相互之间的继承权也随之消失。

18. 死者生前未立遗嘱，也未立遗赠扶养协议，其遗产如何继承？[①]

被继承人苏某泉于2018年3月死亡，其父母和妻子均先于其

---

① 参见《人民法院贯彻实施民法典典型案例（第一批）》（2022年2月25日发布），苏某甲诉李某田等法定继承纠纷案，载最高人民法院网 https：//www. court. gov. cn/zixun-xiangqing-347181. html，最后访问日期：2023年2月27日。

死亡，生前未生育和收养子女。苏某泉的姐姐苏某乙先于苏某泉死亡，苏某泉无其他兄弟姐妹。苏某甲系苏某乙的养女。李某田是苏某泉堂姐的儿子，李某禾是李某田的儿子。苏某泉生前未立遗嘱，也未立遗赠扶养协议。上海市徐汇区华泾路某弄某号某室房屋的登记权利人为苏某泉、李某禾，共同共有。苏某泉的梅花牌手表1块及钻戒1枚由李某田保管中。苏某甲起诉请求，依法继承系争房屋中属于被继承人苏某泉的产权份额，及梅花牌手表1块和钻戒1枚。

生效裁判认为，当事人一致确认苏某泉生前未立遗嘱，也未立遗赠扶养协议，故苏某泉的遗产应由其继承人按照法定继承办理。苏某甲系苏某泉姐姐苏某乙的养女，在苏某乙先于苏某泉死亡且苏某泉的遗产无人继承又无人受遗赠的情况下，根据《最高人民法院关于适用〈中华人民共和国民法典〉时间效力的若干规定》（以下简称《〈民法典〉时间效力的若干规定》）第14条，适用《民法典》第1128条第2款和第3款的规定，苏某甲有权作为苏某泉的法定继承人继承苏某泉的遗产。另外，李某田与苏某泉长期共同居住，苏某泉生病在护理院期间的事宜由李某田负责处理，费用由李某田代为支付，苏某泉的丧葬事宜也由李某田操办，相较苏某甲，李某田对苏某泉尽了更多的扶养义务，故李某田作为继承人以外对被继承人扶养较多的人，可以分得适当遗产且可多于苏某甲。对于苏某泉名下系争房屋的产权份额和梅花牌手表1块及钻戒1枚，法院考虑到有利于生产生活、便于执行的原则，判归李某田所有并由李某田向苏某甲给付房屋折价款人民币60万元。

案例指引

07. 继母与生父离婚后，是否有权继承继子女的遗产？[①]

唐某乙（女）年幼时，母亲便早早离世。父亲唐某甲在其10岁时与秦某登记结婚，唐某乙遂由生父唐某甲与继母秦某共同抚养至独立生活。唐某乙成年后，与邹某甲结为夫妻，生育儿子邹某乙。2009年，唐某甲与秦某协议离婚。2021年5月21日，唐某乙与父亲唐某甲在同一事故中身亡。邹某甲与邹某乙遂以秦某系唐某乙继母且已与唐某乙的父亲离婚，不享有法定继承权为由诉至法院，要求判决唐某乙的全部遗产由邹某甲、邹某乙继承。

法院审理后认为，秦某与唐某甲结婚时唐某乙尚未成年，并共同将唐某乙抚养至独立生活，秦某与唐某乙之间形成了具有抚养关系的继母女关系，双方之间的关系并不因继母与生父离婚而自然解除，故秦某仍系唐某乙的法定继承人对遗产享有继承权。具体继承份额，综合秦某抚养唐某乙的具体年限及居住生活情况等因素，依法确认秦某继承唐某乙遗产的20%，其余遗产部分由邹某甲和邹某乙继承。

关联参见

《民法典》第1070条、第1071条；《老年人权益保障法》第22条；《民法典继承编解释（一）》第10—13条

---

① 参见孙健、周燕：《继母与生父离婚后，是否有权继承继子女的遗产？法院这样判！》，载重庆法院网 http：//cqgy. cqfygzfw. gov. cn/article/detail/2023/02/id/7134710. shtml，最后访问日期：2023年2月26日。

第一千一百二十八条　【代位继承】被继承人的子女先于被继承人死亡的，由被继承人的子女的直系晚辈血亲代位继承。

被继承人的兄弟姐妹先于被继承人死亡的，由被继承人的兄弟姐妹的子女代位继承。

代位继承人一般只能继承被代位继承人有权继承的遗产份额。

条文解读

代位继承 ➲ 代位继承，又称间接继承，是指当被继承人的子女先于被继承人死亡的，由被继承人的死亡子女的晚辈直系血亲继承该死亡子女应继承的遗产份额的制度。比如被继承人的儿子先于被继承人死亡，被继承人的孙子女就可以代替他死去的父亲继承祖父母的遗产。

代位继承制度有以下主要特征：

1. 代位继承的发生原因为被代位继承人先于被继承人死亡。主要有两种情况：一是被继承人的子女先于被继承人死亡，二是被继承人的兄弟姐妹先于被继承人死亡。这里的死亡既包括自然死亡，也包括宣告死亡。

2. 被代位继承人为被继承人的子女或者兄弟姐妹。

3. 代位继承人为被继承人的子女的直系晚辈血亲或者被继承人的兄弟姐妹的子女。（1）被继承人的子女的代位继承人为其直系晚辈血亲，即被代位继承人的子女、孙子女、外孙子女、曾孙子女等，不受辈数的限制，但是在代位继承时以辈份大者优先。被继承人的兄弟姐妹的代位继承人仅限于其子女。（2）代位继承人要根据被代位继承人的地位和顺序继承遗产。被继承人的子女为第一顺序继承人，代位继承时也以第一顺序继承人的身份参与继承。被继承人的兄弟姐妹为第二顺序继承人，代位继承时是也以第二顺序继承人的身份参与继承。

4. 代位继承的份额一般为被代位继承人有权继承的遗产份额。在存在法律规定的多分、少分或者不分等情形时，其继承遗产的份额也可能会有所变化。

5. 代位继承只适用于法定继承，在遗嘱继承中不发生代位继承。

实务应用

19. 放弃继承权，其晚辈直系血亲是否还能代位继承？

代位继承的条件之一就在于被代位继承人享有继承权，被代位继承人在死亡前明确表示放弃继承权的，就代表着其放弃了继承其应当继承的被继承人的财产，也就意味着其丧失了继承权。依《民法典继承编解释（一）》第17条的规定，继承人丧失继承权的，其晚辈直系血亲不得代位继承。因而，在被代位继承人放弃继承权的情形下，是不会发生代位继承的。

20. 代位继承与转继承有什么区别？

转继承指继承人在继承开始后，取得遗产前死亡，由他的继承人实际接受其有权继承的遗产。代位继承与转继承的区别为：（1）代位继承中，被代位人只能是被继承人的子女或兄弟姐妹；在转继承中，被转继承人可以是被继承人的任何一个继承人。（2）在代位继承中，被代位人先于被继承人死亡；在转继承中，被转继承人后于被继承人死亡。（3）代位继承人只能是被代位人的晚辈直系血亲，且不受辈数限制；转继承人可以是被转继承人的任何一个继承人。(4) 代位继承只存在于法定继承中；转继承既存在于法定继承中，也可存在于遗嘱继承中。(5) 代位继承权为代位人的权利，代位人直接继承被继承人的遗产，为一次继承；转继承实质是同一财产连续两次继承。

案例指引

08. 被继承人的兄弟姐妹先于被继承人死亡的，被继承人的兄弟姐妹的子女能否代位继承？[①]

崔某系被继承人崔某一的堂侄。常某的母亲与被继承人崔某一系亲姐弟关系，常某系被继承人崔某一的外甥。崔某一死亡时无第一顺序、第二顺序继承人，崔某一的姐姐即常某的母亲在崔某一之前去世。崔某作为崔某一的堂侄，在崔某一生前对其生活进行了较多照料。崔某一未留任何遗嘱，崔某一死亡后崔某及常某就崔某一的房产签订书面协议，约定崔某就诉争房产享有 45%的份额，常某就诉争房产享有 55%的份额。因崔某、常某就诉争房产的继承问题产生争议，崔某诉至法院，请求判决诉争房产由崔某接受遗赠所有。

一审判决认为，崔某一并未就其遗产设立遗嘱，崔某主张遗赠并不成立，对崔某一的遗产应按法定继承进行处理。《民法典》第 1128 条规定，被继承人的兄弟姐妹先于被继承人死亡的，由被继承人的兄弟姐妹的子女代位继承。《〈民法典〉时间效力的若干规定》第 3 条规定，民法典施行前的法律事实引起的民事纠纷案

---

① 参见《崔某诉常某遗赠纠纷案》，载天津法院网 https：//tjfy. tjcourt. gov. cn/article/detail/2021/11/id/6366288. shtml，最后访问日期：2023 年 2 月 23 日。

件，当时的法律、司法解释没有规定而民法典有规定的，可以适用民法典的规定。本案中，常某的母亲与被继承人崔某一系姐弟关系，常某母亲先于崔某一死亡，故常某作为崔某一的外甥，有权根据《民法典》第 1128 条的规定对崔某一的遗产进行代位继承。崔某作为崔某一的堂侄，并非崔某一的法定继承人，但其在崔某一生前对其尽到了较多照料和扶养义务，依照《民法典》第 1131 条的规定也可以分得适当遗产。崔某、常某曾就诉争房产的分配签订过书面协议，该协议属于双方针对崔某一遗产的协商处理意见。故一审法院依照该协议约定，判决由常某继承诉争房产 55%的份额，由崔某取得诉争房产 45%的份额。该案件上诉后，二审判决驳回上诉，维持原判。

关联参见

《民法典继承编解释（一）》第 14—18 条

第一千一百二十九条　【丧偶儿媳、女婿的继承权】 丧偶儿媳对公婆，丧偶女婿对岳父母，尽了主要赡养义务的，作为第一顺序继承人。

条文解读

丧偶儿媳、女婿的继承权 ➲ 丧偶儿媳、女婿作为第一顺序继承人参加继承的条件是尽了主要赡养义务。也就是说，丧偶的儿媳、女婿对公婆（岳父母）有没有继承权，能否作为第一顺序继承人，应当依据其在丧偶后是否对公婆（岳父母）尽了主要赡养义务来决定。

注意，在此不论丧偶儿媳、女婿是否已经再婚；其依本条规定作为第一顺序继承人时，也不影响其子女代位继承。

实务应用

21. 如何认定丧偶儿媳、女婿尽了主要赡养义务？

根据《民法典继承编解释（一）》第19条的规定，对被继承人生活提供了主要经济来源，或者在劳务等方面给予了主要扶助的，应当认定其尽了主要赡养义务。实践中需要结合相关因素判断：（1）在时间上，要对公婆或者岳父母有长期性、经常性的赡养，直至其身故；（2）在程度上，这种赡养是公婆或者岳父母的主要生活支柱。

关联参见

《民法典继承编解释（一）》第18条、第19条；《妇女权益保障法》第59条

第一千一百三十条　【遗产分配规则】同一顺序继承人继承遗产的份额，一般应当均等。

对生活有特殊困难又缺乏劳动能力的继承人，分配遗产时，应当予以照顾。

对被继承人尽了主要扶养义务或者与被继承人共同生活的继承人，分配遗产时，可以多分。

有扶养能力和有扶养条件的继承人，不尽扶养义务的，分配遗产时，应当不分或者少分。

继承人协商同意的，也可以不均等。

条文解读

同一顺序法定继承人的遗产分配规则 ➔ 对于遗产分配是否合情合理，可以从以下几个原则来判断：(1) 权利与义务相一致原则；(2) 扶养老幼原则；(3) 协商原则。

1. 一般情况：同一顺序继承人继承遗产的份额应当均等。

2. 特殊情况：同一顺序继承人继承遗产的份额可以不均等。主要包括以下几种情况：

(1) 对生活有特殊困难又缺乏劳动能力的继承人，应当予以适当照顾，适当多分。

(2) 对被继承人尽了主要扶养义务或者与被继承人共同生活的继承人，可以多分财产。继承人有扶养能力和扶养条件，愿意尽扶养义务，但被继承人因有固定收入和劳动能力，明确表示不要求其扶养的，分配遗产时，一般不应因此而影响其继承份额。有扶养能力和扶养条件的继承人虽然与被继承人共同生活，但对需要扶养的被继承人不尽扶养义务，分配遗产时，可以少分或者不分。

(3) 对于有扶养能力和扶养条件却不尽扶养义务的继承人，可以不分或者少分。如果继承人自身无生活来源或者缺乏劳动能力等，根本不具备扶养被继承人的能力和条件，则不属于应当不分或者少分遗产的情形。

(4) 继承人协商同意的，也可以不均等。

此外，人民法院对故意隐匿、侵吞或者争抢遗产的继承人，可以酌情减少其应继承的遗产。

实务应用

22. 生活有特殊困难又缺乏劳动能力的判断标准是什么？

生活有特殊困难，是指生活困苦，而不是有一般困难，例如继承人没有独立的经济来源或者经济收入难以维持当地最低生活水平而导致生活有特殊困难。

缺乏劳动能力，是指根本无法通过参加劳动改变生活困难的局面，而不是劳动能力不强。

案例指引

09. 尽了主要赡养义务的人，分配遗产时，是否可以多分？[①]

刘某夫妇婚后共生育四名子女。小儿子刘某某自 1975 年起一直与刘某夫妇共同生活。刘某夫妇自 2012 年起先后患重病，生活无法自理。刘某某一直悉心照料二位老人并予以精神慰藉。刘某夫妇于 2017 年先后去世，未留遗嘱，四名子女因诉争房屋的遗产分割问题产生争议。其他三名子女要求法定继承诉争房屋，每人享有 25%产权份额。刘某某主张其一直与二位老人共同生活，尽了主要赡养义务应当多分。法院根据刘某某对两位老人长达几十年如一日的精神赡养、不离不弃的事实情况，结合公平原则、权利与义务相统一原则，在遗产分配比例上作出突破性倾斜，确认诉争房屋由刘某某继承 70%，其他三名子女各继承 10%。

依据查明的事实，刘某夫妇虽有稳定的退休收入，但其二人

---

① 参见江慕南、蒋娟：《继承人长期精神赡养父母 在继承上可多分遗产份额》，载北京法院网 https：//bjgy. bjcourt. gov. cn/article/detail/2023/02/id/7141178. shtml，最后访问日期：2023 年 2 月 23 日。

的身体状况需要赡养人给予生活上特殊的照料、精神上更多的陪伴及鼓励。刘某某在与刘某夫妇40余年的共同生活中，兼顾了二人的生活起居、求医问药，给予了二人精神上的慰藉。在这样的共同生活中，刘某某与被继承人刘某夫妇形成了生活共同体，关系更加密切，经济关联性强，应当认定刘某某尽了主要赡养义务。

10. 同一顺序继承人中，既有尽了主要扶养义务的继承人，又有生活有特殊困难、缺乏劳动能力的继承人，应如何分配遗产？①

汪某红为持证智力残疾人，残疾等级二级，经当地民政局审核，符合农村居民最低生活保障政策有关规定，享受最低生活保障。汪某富系汪某红之父，汪某华系汪某富养子。1988年，汪某富将汪某华、汪某红共同居住的房屋翻新重建。1996年因洪水冲毁部分房屋，汪某华重新建设了牛栏等附属房屋；后又建设厨房、洗澡间各一间，并对房屋进行了修缮。汪某富去世后，2019年，案涉房屋被列入拆迁范围，汪某华与某某人民政府签订《房屋拆迁安置补偿协议》，约定含主体房屋、附属房及简易房、附属物在内的拆迁补偿价款共490286.7元，汪某华实际领取。汪某红认可其中部分房屋由汪某华建设，扣除相应补偿款后剩余款项为314168元。汪某红起诉请求汪某华返还其中的230000元。

安徽省宁国市人民法院经审理认为，汪某华作为养子，对汪某富进行赡养并承担了汪某富的丧葬事宜。汪某红享有低保且生活困难，分配遗产时亦应对其进行照顾。综合考虑涉案房屋及部分附属

① 参见《最高人民法院 中国残疾人联合会残疾人权益保护十大典型案例》（2021年12月2日发布），汪某红诉汪某华继承纠纷案，载最高人民法院网 https://www.court.gov.cn/zixun-xiangqing-334501.html，最后访问日期：2023年3月6日。

设施的建造、管理以及继承人赡养汪某富等实际情况，酌定汪某红继承的财产份额为30%，即94250元（314168元×30%）。遂判决汪某华支付汪某红94250元。

安徽省宣城市中级人民法院经审理认为，汪某红系智力残疾人，其家庭为享受最低生活保障的特殊家庭。依据“对生活有特殊困难又缺乏劳动能力的继承人，分配遗产时，应当予以照顾”的规定，人民法院在确定遗产继承份额时应给予汪某红特殊照顾及倾斜保护。汪某华应向汪某红支付拆迁补偿款157084元（314168元×50%）。遂撤销一审判决，改判汪某华支付汪某红拆迁补偿款157084元。

关联参见

《民法典继承编解释（一）》第4条、第20—23条；《老年人权益保障法》第13—24条

第一千一百三十一条　【酌情分得遗产权】对继承人以外的依靠被继承人扶养的人，或者继承人以外的对被继承人扶养较多的人，可以分给适当的遗产。

条文解读

酌情分得遗产权➲需要注意以下三点：

1. 可以适当分给遗产的人是继承人以外的人，包括两种：（1）对继承人以外的依靠被继承人扶养的人；（2）继承人以外的对被继承人扶养较多的人。

2. “适当的遗产”可以多于或者少于继承人。

3. 可以分给适当遗产的人，在其依法取得被继承人遗产的权利受到侵犯时，本人有权以独立的诉讼主体资格向人民法院提起诉讼。

实务应用

23. 被继承人在遗嘱中未分配给与其有扶养关系的继承人以外的人遗产，当事人可否主张权利？

本条规定的酌情分得遗产权仅适用于法定继承，不适用于遗嘱继承。因此，与被继承人有扶养关系的继承人以外的人仅在遗产按照法定继承办理时可以请求分给适当遗产。如果被继承人生前以有效的遗嘱或者遗赠扶养协议等处分了其全部遗产，而没有为与其有扶养关系的继承人以外的人保留遗产份额，则应尊重被继承人的意思表示，不能以本条取代被继承人已明示的有效的意思表示。如果被继承人立了遗嘱或者遗赠扶养协议，但是因存在《民法典》第1154条规定的情形导致遗产中的有关部分按照法定继承办理的，对于这部分遗产可以适用本条规定。

案例指引

11. 自愿赡养老人，如何认定尽到了扶养义务[①]

高某启与李某分别系高某翔的祖父母，高某翔没有工作，专职照顾高某启与李某生活直至二人去世，高某启与李某后事由高某翔出资办理。高某启与李某去世前立下代书遗嘱，主要内容为

---

① 参见《人民法院大力弘扬社会主义核心价值观十大典型民事案例》（2020年5月13日发布），自愿赡养老人继承遗产案——高某翔诉高甲、高乙、高丙继承纠纷案，载最高人民法院网 https://www.court.gov.cn/zixun-xiangqing-229041.html，最后访问日期：2023年3月6日。

因高某翔照顾老人，二人去世后将居住的回迁房屋送给高某翔。高甲、高乙、高丙为高某启与李某的子女，案涉回迁房屋系高某启、李某与高甲交换房产所得。高甲、高乙、高丙认为案涉代书遗嘱的代书人是高某翔的妻子，且没有见证人在场，遗嘱无效。高某翔以上述三人为被告提起诉讼，请求确认高某启、李某所立案涉遗嘱合法有效，以及确认其因继承取得案涉回迁房屋的所有权。

鞍山市中级人民法院认为，高某翔提供的代书遗嘱因代书人是高某翔的妻子，在代书遗嘱时双方是恋爱关系，这种特殊亲密的关系与高某翔取得遗产存在身份和利益上的利害关系，属于《继承法》第 18 条[①]规定的禁止代书人，因此其代书行为不符合代书遗嘱的法定形式要求，应属无效。本案应当按照法定继承进行处理。高某翔虽然不是法定第一顺序继承人，但其自愿赡养高某启、李某并承担了丧葬费用，根据《继承法》第 14 条[②]的规定，继承人以外的对被继承人扶养较多的人，可以分配给他们适当的遗产，高某翔可以视为第一顺序继承人。

《民法典》第 1131 条所规定的“分给适当的遗产”，是指与非继承人所行扶养行为相适应，和其他有赡养义务的继承人所尽赡养义务相比较的适当比例。高某翔虽没有赡养祖父母的法定义务，但其能专职侍奉生病的祖父母多年直至老人病故，使老人得以安享晚年，高某翔几乎尽到了对高某启、李某两位被继承人生养死葬的全部扶养行为，这正是良好社会道德风尚的具体体现，并足以让社会、家庭给予褒奖。而本案其他继承人有能力扶养老人，

---

① 现为《民法典》第 1140 条——编者注，下同。

② 现为《民法典》第 1131 条。

但仅是在老人患病期间轮流护理，与高某翔之后数年对患病老人的照顾相比，高甲、高乙、高丙的行为不能认为尽到了扶养义务。据此，高某翔有权获得与其巨大付出相适应的继承案涉回迁房屋的权利。

12. 无民事行为能力人的指定监护人也可以分得遗产吗？①

被继承人叶某志生前系无民事行为能力人，患有精神分裂症，此前由其母亲照顾。其母亲死亡后，由叶某志之兄叶某某聘请护工照顾。武汉市武昌区某居民委员会指定叶某某担任叶某志的监护人。叶某某担任监护人期间，频繁往返其工作地深圳与叶某志生活地武汉，为照顾叶某志付出了很多心血。叶某志生前未留有遗嘱，其独女陈某某诉至法院要求继承其遗产。

人民法院认为，根据《民法典》第1131条规定："对继承人以外的依靠被继承人扶养的人，或者继承人以外的对被继承人扶养较多的人，可以分给适当的遗产。"叶某某作为叶某志的监护人，对其扶养较多，可以适当分得遗产，故叶某志遗产的十分之九由陈某某继承，十分之一由叶某某继承。

关联参见

《民法典继承编解释（一）》第10条、第20条、第21条、第41条；《最高人民法院关于毛玉堂与毛新国的收养关系能否成立的复函》；《最高人民法院关于林泽莘等诉林丛析产纠纷案的复函》；《办理继承公证的指导意见》

---

① 参见《重磅！湖北高院发布弘扬社会主义核心价值观十大典型案例》，非继承人照顾患病亲属，依法认定分得适当遗产——陈某某诉叶某某继承权纠纷案，载湖北省高级人民法院网 http://hubeigy.hbfy.gov.cn/article/detail/2023/01/id/7097037.shtml，最后访问日期：2023年2月26日。

第一千一百三十二条　【继承的处理方式】 继承人应当本着互谅互让、和睦团结的精神，协商处理继承问题。遗产分割的时间、办法和份额，由继承人协商确定；协商不成的，可以由人民调解委员会调解或者向人民法院提起诉讼。

条文解读

由继承人协商确定 ➲ 处理继承问题时应当以当事人自愿达成协议为主要解决方式，能调解的尽量调解，尽量减少在分割遗产时的各种纷争。

由人民调解委员会调解或者向人民法院提起诉讼 ➲ 人民调解委员会，是在基层人民政府和基层人民法院指导下，调解民间纠纷的群众性组织，依照法律规定，根据自愿原则进行调解。当事人对调解达成的协议应当履行；不愿调解、调解不成或者反悔的，可以向人民法院起诉。当事人也可以不经调解，直接向法院起诉。

实务应用

24. 在遗产分割中，应当注意哪些问题？

遗产分割的时间：一般来说由继承人之间协商确定，既可以在继承开始后请求分割，也可以在一定的期间后或者特定的条件成就时再分割遗产。

遗产分割的办法：主要有实物分割、变价分割、折价补偿分割、保留共有四种。实物分割，一般适用于可分物的遗产。变价分割，是指将遗产变卖后换取变价款进行分配。折价补偿分割，是指由部分继承人取得该项遗产的所有权，然后由其按照遗产份额比例，分别向其他继承人补偿相应的价款。保留共有，是指各个继承人根据遗产份额比例对遗产共同享有所有权。

遗产分割的份额：在分割遗产时，继承人应当以本法规定的分配遗产份额的原则为依据协商确定遗产份额。继承人之间协商不成向人民调解委员会申请调解或者向法院提起诉讼的，人民调解委员会和法院应当依据本法第1130条确定遗产分割的份额。

应注意的其他问题：在遗产分割时，应当先分出配偶或者他人的财产，应当保留胎儿的继承份额，应当清偿被继承人依法应当缴纳的税款和债务等。

关联参见

《民事诉讼法》第34条；《最高人民法院关于适用〈中华人民共和国民事诉讼法〉的解释》第70条；《人民调解法》；《最高人民法院关于产权人生前已处分的房屋死后不宜认定为遗产的批复》

第三章　遗嘱继承和遗赠

第一千一百三十三条　【遗嘱处分个人财产】 自然人可以依照本法规定立遗嘱处分个人财产，并可以指定遗嘱执行人。

自然人可以立遗嘱将个人财产指定由法定继承人中的一人或者数人继承。

自然人可以立遗嘱将个人财产赠与国家、集体或者法定继承人以外的组织、个人。

自然人可以依法设立遗嘱信托。

条文解读

遗嘱 ➲ 遗嘱是遗嘱人生前按照自己的意思和想法处分自己财

产的行为，体现的是遗嘱人的真实意志。生前立有遗嘱的被继承人称为遗嘱人或立遗嘱人，依照遗嘱的指定享有遗产继承权的人为遗嘱继承人。遗嘱继承是指于继承开始后，继承人按照被继承人合法有效的遗嘱，继承被继承人遗产的继承方式。

遗嘱执行人 ➲ 遗嘱执行人，是指遗嘱人在遗嘱中指定的负责实现遗嘱的财产处分内容的人，主要职责为遗产管理、处理遗嘱人的债权债务、按照遗嘱内容分割与交付遗产等。遗嘱执行人既可以是法定继承人，也可以是法定继承人以外的人。在继承开始后，遗嘱执行人即为遗产管理人，适用本法遗产管理人的相关规定。

遗嘱信托 ➲ 遗嘱信托是指通过遗嘱这种法律行为而设立的信托，也叫死后信托。当委托人以立遗嘱的方式，把财产交付信托时，就是所谓的遗嘱信托，也就是委托人预先以立遗嘱方式，将财产的规划内容，包括交付信托后遗产的管理、分配、运用及给付等，详订于遗嘱中。等到遗嘱生效时，再将信托财产转移给受托人，由受托人依据信托的内容，也就是委托人遗嘱所交办的事项，管理处分信托财产。与金钱、不动产或有价证券等个人信托业务比较，遗嘱信托最大的不同点在于，遗嘱信托是在委托人死亡后契约才生效。

案例指引

13. 遗嘱只能处分个人财产吗？[①]

老人刘某的女儿小佳与汪某于2012年结婚，婚后无子女，小

---

① 参见李宝霞：《失独老人如何行使继承权？》，载北京法院网 https://bjgy.bjcourt.gov.cn/article/detail/2021/03/id/5854888.shtml，最后访问日期：2023年3月6日。

佳于2018年4月亡故，2018年3月小佳立遗嘱一份，内容是涉案房屋登记在本人名下，是个人财产，是父亲刘某出资购买，自己去世后，涉案房屋的份额全部归父亲刘某继承，该财产的继承权归刘某个人所有。

经查，涉案房屋由小佳于2014年购买，其中贷款200万元，此后小佳与汪某共同偿还贷款直至小佳去世，后刘某负责偿还贷款。2013年汪某向小佳汇款50万元，2013年和2014年刘某分别向小佳转账80万元，2017年小佳与汪某签订家庭收入支出对账单，其中记载汪某向小佳支付50万元结婚礼金，刘某支付房屋首付款80万元。现汪某主张该50万元为购房款，刘某主张其为礼金，涉案房屋的购房款由刘某所出。

遗嘱人以遗嘱形式处分的只能是个人财产。一审法院认为涉案房屋为夫妻共同财产，小佳遗嘱处分属于汪某的财产部分无效，但是考虑到刘某对涉案房屋贡献较大，小佳去世后贷款亦由刘某偿还，确定房屋由刘某继承所有，但是给付汪某相应折价款。二审法院予以维持。

关联参见

《信托法》第13条；《最高人民法院关于继承开始时继承人未表示放弃继承遗产又未分割的可按析产案件处理问题的批复》；《最高人民法院关于冯钢百遗留的油画等应如何处理的批复》；《最高人民法院关于财产共有人立遗嘱处分自己的财产部分有效处分他人的财产部分无效的批复》；《最高人民法院关于对分家析产的房屋再立遗嘱变更产权，其遗嘱是否有效的批复》

第一千一百三十四条　【自书遗嘱】自书遗嘱由遗嘱人亲笔书写，签名，注明年、月、日。

条文解读

自书遗嘱➲ 自书遗嘱是由遗嘱人亲笔书写的遗嘱，遗嘱人应当签名，并注明年、月、日。自然人在遗书中涉及死后个人财产处分的内容，确为死者的真实意思表示，有本人签名并注明了年、月、日，又无相反证据的，可以按自书遗嘱对待。自书遗嘱可以随时设立，不需要有见证人在场见证。

自然人在遗书中涉及死后个人财产处分的内容，确为死者的真实意思表示，有本人签名并注明了年、月、日，又无相反证据的，可以按自书遗嘱对待。

实务应用

25. 自书遗嘱有效成立，需要具备哪些要件？

（1）遗嘱人必须亲笔书写。如果遗嘱中有部分内容是由他人书写，则不构成自书遗嘱。

（2）遗嘱人必须签名。不要求遗嘱人在遗嘱每一页签名。

（3）遗嘱人必须注明年、月、日。注明年、月、日主要有以下作用：①可以确定遗嘱设立的时间；②在遗嘱人立有数份遗嘱时，可以用来判断遗嘱设立的先后；③可以用来确定遗嘱人在立遗嘱时是否具有遗嘱能力，从而判断遗嘱人所立的遗嘱是否有效。

案例指引

14. 老人去世，保姆主张按日记继承遗产，能否得到支持？[①]

未婚无子女老人刘某去世后，生前照顾老人的保姆张某持老人日记，将老人兄弟姐妹的子女共12人诉至法院，要求依法继承老人存款及利息180万余元。原告张某诉称，其是刘某生前保姆，照顾刘某多年。刘某生前书写有日记，日记中明确表示将一部分钱送她，该日记系刘某生前留有的自书遗嘱，她应按该遗嘱内容作为受遗赠人取得部分遗产。继承人共同辩称，张某主张遗赠，没有相应依据。刘某书写的日记不符合遗嘱形式要件，不同意张某诉讼请求。庭审中，张某出示刘某生前书写的日记节选，该日记节选载明："现在我无遗嘱，毕竟我是97岁的人，抓紧订立一份'遗嘱'似有必要……我无亲生子女，无法定继承人，××、×××等都是非直系亲属，无权提出异议，但有二人是例外，一是照顾我到临终的保姆，从优送给她一些钱，另一是济南的姨侄女……"

法院经审理后认为，本案中，张某主张其是受遗赠人，并将刘某书写的日记节选作为证据出示，在庭审中双方当事人虽然均认可该日记系刘某亲笔书写，但日记没有刘某亲笔签名并注明年、月、日，故该日记不具备法律规定的遗嘱的形式要件，且刘某在该日记中对于遗产的处理也未作出明确表示，该日记亦不具备法律规定的遗嘱的实质要件，故该份日记节选不能作为刘某的遗嘱。在此情况下，张某不能作为刘某的受遗赠人，其要求依据刘某生

---

① 参见倪虹：《老人去世，保姆拿出日记要求"继承"》，载北京法院网 https://bjgy.bjcourt.gov.cn/article/detail/2022/04/id/6633106.shtml，最后访问日期：2023年2月23日。

前书写的日记分割刘某部分遗产的诉讼请求，缺乏事实和法律依据，法院不予支持。

15. 代签名遗嘱效力如何认定？[①]

王大爷与李大妈系夫妻，生前立有两份遗嘱。第一份为1996年的《遗嘱及委托书》，内容为："王大爷、李大妈，家庭住址北京市海淀区肖家河某号院，家中有长子一个，次子一个，女儿一个。长子分家另过，女儿现已经出嫁。只有次子和我们俩一起生活。次子患有精神分裂症多年。一家三口人都没有劳动能力，平时均靠女儿帮助得以生活。家中有六间北房，东西屋各一间。他和老伴决定百年之后把家中所有的房屋留给次子。因次子生活不能自理，因此他和老伴决定委托女儿作为其监护人、保护人。"下有立嘱人王大爷、李大妈签字，但李大妈签字系王大爷代签，也没有注明年、月、日。2000年李大妈去世，2007年王大爷手书第二份《遗嘱》，将北京市海淀区肖家河某处现有房屋及将来拆迁后的拆迁补偿款全部留于次子。次子无家庭无子女，如果离世于女儿之前，财房全部归属于女儿。如果离世于女儿之后，扶养权利和义务以及财产由女儿家庭以继承法予以法律继承。下有立嘱人王大爷签字，末尾注明年、月、日。王大爷去世后，长子要求分割老院遗产，故起诉至法院要求将王大爷、李大妈遗产按照法定继承的方式予以分割，但法院最终驳回长子诉请，依法认定第二份遗嘱有效。1996年的《遗嘱及委托书》，内容为王大爷与李大妈合意对遗产的处分和家庭事务的处理，但仅有王大爷签字，没有李大妈签字或任何可证明系其真实意思表示的情形，且未注明年、

---

① 参见胡喜辉、周宇蕾：《怎样立一份有效的遗嘱?》，载北京法院网 https://bjgy.bjcourt.gov.cn/article/detail/2019/01/id/3704840.shtml，最后访问日期：2023年2月23日。

月、日，不符合法律规定的自书和代书遗嘱的形式，故法院认定此份遗嘱无效。就2007年王大爷书写的《遗嘱》，符合法律规定的自书遗嘱形式，长子不认可真实性，但是未提交相反证据予以反驳，所以最终法院认可《遗嘱》的真实性。

第一千一百三十五条　【代书遗嘱】代书遗嘱应当有两个以上见证人在场见证，由其中一人代书，并由遗嘱人、代书人和其他见证人签名，注明年、月、日。

条文解读

代书遗嘱➲指由代书人将立遗嘱人口授的遗嘱内容如实地记录下来而形成的书面遗嘱。其须符合下列要求：（1）代书人必须依照遗嘱人的意思代写遗嘱；（2）代书遗嘱须有2个以上的见证人在场见证；（3）代书人、其他见证人和遗嘱人必须在遗嘱上签名，并注明年、月、日。

实务应用

26. 代书遗嘱中的见证人要符合什么条件？

（1）需要符合一定的资格条件。根据《民法典》第1140条规定，无民事行为能力人、限制民事行为能力人以及其他不具有见证能力的人，继承人、受遗赠人以及与继承人、受遗赠人有利害关系的人，不能作为见证人。

（2）需符合数量方面的要求，即需要两个以上的见证人在场见证，“以上”包括本数。

（3）须在场见证。见证人必须在场全程参与立遗嘱的过程，不能在事后签名来代替在场见证。

代书遗嘱如果不符合上述见证人的资格、数量、在场见证等方面的要求，则该遗嘱无效。

案例指引

16. 被继承人代书遗嘱、见证人未全程见证，遗嘱有效吗？[①]

孙某（男）与朱某（女）婚后生育孙甲（男）和孙乙（女）。2008年11月6日，孙某与朱某订立一份遗嘱，载明二人名下的两处房屋由孙甲一人继承。遗嘱上有孙某、朱某的签名和手印，A、B、C作为见证人签名并按手印。该遗嘱由孙甲打印，落款日期为2008年11月6日，签名时间为11月8日。2009年孙某去世，2018年孙甲诉至法院，要求按该遗嘱的内容继承两处房屋。朱某、孙乙对该份遗嘱不予认可，认为并非孙某、朱某真实意思表示，该遗嘱亦不符合代书遗嘱的形式要件，应属无效。朱某拿出一份经两名律师见证，于2018年8月13日立下的个人遗嘱，载明自己的份额由孙乙单独继承。一审法院经审理认为，该打印遗嘱上有两个以上无利害关系见证人见证且当时孙某神志清醒，系其真实意思表示，应属有效。朱某所享有的份额因其否认并立下新遗嘱，故不能按打印遗嘱处理。遂判决房产中孙某所享有份额按其遗嘱由孙甲一人继承。

朱某、孙乙不服上诉。二审法院经审理认为，孙甲提交的遗嘱为打印件且非孙某本人制作，应属代书遗嘱。代书遗嘱应当有

---

① 参见《2019年度江苏法院婚姻家庭十大典型案例》（2020年3月10日发布），被继承人代书遗嘱、见证人未全程见证遗嘱无效，载江苏法院网 https://www.jsfy.gov.cn/article/91593.html，最后访问日期：2023年2月23日。

两个以上见证人在场见证，并由其中一人代书，同时须有遗嘱人、代书人、其他见证人签名，并注明年、月、日，才是有效的代书遗嘱。本案中，遗嘱打印的时间与签名时间不一致，见证人未见证遗嘱制作的整个过程，并不符合时空一致性的要求，且该遗嘱由继承人孙甲制作完成。综上，该遗嘱不符合代书遗嘱的形式要求，应属无效。故判决撤销一审判决，驳回孙甲按该遗嘱继承的诉讼请求。

17. 夫妻之间代立遗嘱行为是否有效?[①]

王甲与张甲系夫妻关系，二人生有长子王一、长女王二、次子王三。王甲于2009年去世，张甲于2013年去世，二人去世后留有张甲名下房屋一套。王三持有张甲所立遗嘱一份，上书“位于×××的住房系我与老伴王甲的夫妻共同财产，现我和老伴年事已高，为避免我和老伴死后可能发生的争议，我决定代表我老伴王甲立此遗嘱，以上房屋由我小儿子王三一人继承。”该遗嘱落款日期为2008年6月16日，上有张甲签名及指纹一枚，遗嘱下方有代书人李某和见证人余某、郑某的签字及日期。2014年王三持该遗嘱诉至法院，要求按该遗嘱继承该诉争房屋。审理中，代书人李某，见证人余某、郑某均到庭作证，证实该遗嘱是张甲口述、李某代书，最后由张甲亲自按下手印而成。但立遗嘱时王甲因常年患病瘫痪在床并不在现场，且上述三人及王家三子女均认可王甲在2008年时因病情加重已经丧失了语言表达能力。庭审中，王一及王二认为王甲患病期间虽不能表达但意识清醒，张甲无权代替王甲确立遗嘱。王三认为王甲完全没有认知能力，是无行为能力人，

---

① 参见《夫妻之间代立遗嘱行为当属无效》，载北京法院网 https://bjgy.bjcourt.gov.cn/article/detail/2016/05/id/1880346.shtml，最后访问日期：2023年2月23日。

张甲系其法定代理人，代替王甲确立的遗嘱是有效的。

法院经审理认为，张甲所立遗嘱处分了张甲与王甲的一套夫妻共同所有的房屋。关于该遗嘱中处分张甲份额的部分，因该遗嘱符合代书遗嘱的条件，应属合法有效，该房屋中张甲所有的份额应当由王三继承。案件的争议焦点在于该遗嘱中处分王甲份额的部分是否有效。虽然王家三人均认可王甲去世之前三年多因瘫痪失去了语言表达能力，但王甲现已去世，目前已经不具备准确判断其是否具备遗嘱行为能力的客观条件。若王甲在立遗嘱当时具备行为能力，因王三持有的遗嘱上并无王甲的签字或手印，从证人证言中亦可得知立遗嘱时王甲并不在现场，故不能证实该遗嘱系其真实意思表示，该遗嘱中处分王甲财产的部分应属无效。若王甲在立遗嘱当时已通过法定程序被确认为无民事行为能力人或者限制民事行为能力人，且其配偶张甲也已被依法指定为王甲的法定代理人，则张甲必须依法履行其监护职责，除为被监护人自身利益外，不得处理被监护人的财产。张甲代为处分王甲的财产，实际上是将王甲的财产在其去世后的归属做了安排，但此时财产归属于谁都与已故王甲的利益无关，因此张甲代为处分王甲财产的行为有欠妥当。综上，无论王甲在立遗嘱时是否具有行为能力，该遗嘱中处分王甲财产的行为均属无效，该房屋中属于张甲的份额应当按照法定继承处理。根据查明的事实，王甲三子女均对其尽到了赡养义务，且无证据证明任何一人存在应当少分或者不分遗产的情形，故对于张甲所有的份额应当由王一、王二、王三均分。最终法院判决诉争房屋由王三继承三分之二份额，王一和王二各继承六分之一份额。

第一千一百三十六条 【打印遗嘱】 打印遗嘱应当有两个以上见证人在场见证。遗嘱人和见证人应当在遗嘱每一页签名，注明年、月、日。

条文解读

打印遗嘱 打印遗嘱是指遗嘱人通过电脑制作，用打印机打印出来的遗嘱。打印遗嘱有效的要件是：（1）遗嘱为电脑制作、打印机打印出来的文本形式。（2）打印遗嘱应当有两个以上见证人在场见证，并在打印遗嘱文本的每一页都签名。（3）遗嘱人在遗嘱文本的每一页都签名。（4）注明年、月、日。

案例指引

18. 打印遗嘱的效力如何认定？[①]

刘某海、刘某起系刘某与张某的子女。张某和刘某分别于2010年与2018年死亡。刘某起持有《遗嘱》一份，为打印件，加盖有立遗嘱人张某人名章和手印，另见证人处有律师祁某、陈某的署名文字。刘某起称该《遗嘱》系见证人根据张某意思在外打印。刘某起还提供视频录像对上述遗嘱订立过程予以佐证，但录像内容显示张某仅在一名见证人宣读遗嘱内容后，在该见证人协助下加盖人名章、捺手印。依刘某起申请，一审法院分别向两位见证人邮寄相关出庭材料，一份被退回，一份虽被签收但见证人未出庭作证。刘某海亦持有打印《遗嘱》一份，主张为刘某的见

---

① 参见《人民法院贯彻实施民法典典型案例（第二批）》（2023年1月12日发布），刘某起与刘某海、刘某霞、刘某华遗嘱继承纠纷案，载最高人民法院网 https：//www. court. gov. cn/zixun-xiangqing-386521. html，最后访问日期：2023年3月26日。

证遗嘱，落款处签署有“刘某”姓名及日期“2013年12月11日”并捺印，另有见证律师李某、高某署名及日期。刘某订立遗嘱的过程有视频录像作为佐证。视频录像主要显示刘某在两名律师见证下签署了遗嘱。此外，作为见证人之一的律师高某出庭接受了质询，证明其与律师李某共同见证刘某订立遗嘱的过程。

生效裁判认为，刘某起提交的《遗嘱》为打印形成，应认定为打印遗嘱而非代书遗嘱。在其他继承人对该遗嘱真实性有异议的情况下，刘某起提交的遗嘱上虽有两名见证人署名，但相应录像视频并未反映见证过程全貌，且录像视频仅显示一名见证人，经法院多次释明及向《遗嘱》记载的两位见证人邮寄出庭通知书，见证人均未出庭证实《遗嘱》真实性，据此对该份《遗嘱》的效力不予认定。刘某海提交的《遗嘱》符合打印遗嘱的形式要件，亦有证据证明见证人全程在场见证，应认定为有效。

19. 夫妻双方共同对共有房产所立遗嘱，一方撤回遗嘱的行为是否影响另一方的遗嘱效力？[①]

黄某明和方某贞为夫妻，育有黄某智、黄某杰等三名子女。2003年8月26日，黄某明与方某贞共同订立一份遗嘱，约定在黄某明去世后，方某贞由黄某杰夫妇养老送终；在两遗嘱人均去世后，涉案房产归黄某杰夫妇所有；该遗嘱在两遗嘱人中任何一人去世后均生效，但只能生效属于去世者遗产部分。该遗嘱系打印件，在两位律师的见证下作出，遗嘱人和见证人均在该遗嘱上签名、确认时间。黄某明于2003年9月去世。方某贞于2016年3月

---

① 参见《广东法院贯彻实施民法典典型案例（第一批）》，维护打印遗嘱继承人合法权益——黄某杰等与黄某智等继承纠纷案，载广东法院网 https://www.gdcourts.gov.cn/index.php?v=show&cid=170&id=56343，最后访问日期：2023年2月23日。

10日订立一份公证遗嘱，称其去世后将涉案房产其名下的份额归黄某杰夫妇所有，后又于2016年3月25日以公证声明的方式撤销了该遗嘱。黄某杰与黄某智因涉案房产的权属发生争议，黄某杰夫妇诉至法院，要求将涉案房产黄某明名下的1/2份额确认归其所有。

深圳市罗湖区人民法院生效判决认为，根据《〈民法典〉时间效力的若干规定》第15条规定，本案涉及打印遗嘱，且遗产尚未处理，故应适用《民法典》相关规定。2003年8月26日订立的遗嘱，从形式上看，符合《民法典》第1136条规定的打印遗嘱的形式要件；从内容上看，系遗嘱人对其个人合法财产死后的处分，且黄某杰夫妇已履行了遗嘱所附的赡养义务，尽管方某贞撤销了其在2016年3月10日所做的遗嘱，但本案所涉及的遗产系黄某明的遗产，两遗嘱人对共有的涉案房产所做的处分并无相互制约、互为条件的意思，方某贞的撤回行为不影响黄某明遗嘱效力。2021年1月29日，判决涉案房产中的1/2产权归黄某杰夫妇所有，黄某智等配合办理房屋产权变更登记手续。

第一千一百三十七条　【录音录像遗嘱】以录音录像形式立的遗嘱，应当有两个以上见证人在场见证。遗嘱人和见证人应当在录音录像中记录其姓名或者肖像，以及年、月、日。

条文解读

录音录像遗嘱 ➲ 录音录像遗嘱，是指以录音或者录像方式录制下来的遗嘱人的口述遗嘱，其实就是视听遗嘱。录音录像遗嘱应当符合下列要件：（1）有两个以上见证人在场见证，见证人应当把各自的姓名、性别、年龄、籍贯、职业、所在工作单位和家庭住址等基本情况予以说明。（2）由遗嘱人亲自叙述遗嘱的内容，内容应当具体，对有关财产的处分，应当说明财产的基本情况，说明财产归什么人承受。（3）遗嘱人、见证人将有关视听资料封存，并签名、注明日期，以确定遗嘱的订立时间。（4）当众开启录音录像遗嘱，在继承开始后，在参加制作遗嘱的见证人和全体继承人到场的情况下，当众启封，维护录音录像遗嘱的真实性。具备这些要件的录音录像遗嘱，发生法律效力。

案例指引

20. 录音录像遗嘱的效力如何认定？①

被继承人王某、张某生育张某一、张某二、张某三子女三人。王某、张某去世后，张某三随即去世，张某三应继承的父母遗产份额转由其妻子赵某及两个子女继承。张某住院期间于 2019 年 10 月 31 日，将张某一、张某二、张某三及张某的两个弟弟叫到病房，由张某的两个弟弟作为见证人，经案外人录像，张某口述表示将其名下的房产于过世后留给长女张某一，张某一根据该录像向法院起诉，要求继承张某名下的诉争房产。

一审法院认为，经审查当事人提交的录像内容，录像现场有立遗嘱人张某及两个见证人的肖像，各方当事人均认可录制时间为 2019 年 10 月 31 日，可以确认录制时间和见证人身份，该录像符合《民法典》规定的录音录像遗嘱的形式要件，应为录音录像遗嘱。根据《〈民法典〉时间效力的若干规定》的相关规定，民法

---

① 参见《张某一诉赵某等继承纠纷案》，载天津法院网 https：//tjfy. tjcourt. gov. cn/article/detail/2021/11/id/6366268. shtml，最后访问日期：2023 年 2 月 23 日。

典施行前的法律事实引起的民事纠纷案件，当时的法律、司法解释没有规定而民法典有规定的，可以适用民法典的规定，但是明显减损当事人合法权益、增加当事人法定义务或者背离当事人合理预期的除外。录像遗嘱是《民法典》新规定的遗嘱形式，该遗嘱并不存在明显减损当事人合法权益等情形，故本案应适用《民法典》的规定。一审判决认定录像遗嘱有效，并在此基础上确认了张某一应继承的诉争房产份额。一审判决后，当事人均未提起上诉。

第一千一百三十八条　【口头遗嘱】遗嘱人在危急情况下，可以立口头遗嘱。口头遗嘱应当有两个以上见证人在场见证。危急情况消除后，遗嘱人能够以书面或者录音录像形式立遗嘱的，所立的口头遗嘱无效。

条文解读

口头遗嘱 口头遗嘱，是指由遗嘱人口头表述的而不以其他方式记载的遗嘱。口头遗嘱必须符合以下条件：(1) 只有在危急情况下才能适用，在非危急情况下设立的口头遗嘱无效。(2) 须有2个以上的见证人在场见证。

由于口头遗嘱完全靠见证人表述证明，极其容易发生纠纷，因此在危急情况解除后，遗嘱人在世并且能够以其他形式立遗嘱的，该口头遗嘱失效。如果遗嘱人没有另立其他形式的遗嘱而死亡的，视为被继承人未立遗嘱，其遗产按法定继承的方式分配。

第一千一百三十九条　【公证遗嘱】公证遗嘱由遗嘱人经公证机构办理。

条文解读

公证遗嘱 公证遗嘱是由公证机关公证的遗嘱。公证遗嘱须用书面形式，并且应当由立遗嘱人和公证人签名或盖章，注明年、月、日。公证遗嘱是最严格的遗嘱方式，具有很强的证据效力和证明效力。

实务应用

27. 如何办理公证遗嘱？

公证遗嘱的办理要求如下：（1）遗嘱人应当亲自到公证处提出申请。遗嘱人亲自到公证处有困难的，可以书面或者口头形式请求有管辖权的公证处指派公证人员到其住所或者临时处所办理。（2）遗嘱公证应当由两名公证人员共同办理，由其中一名公证员在公证书上署名。因特殊情况由一名公证员办理时，应当有一名见证人在场，见证人应当在遗嘱和笔录上签名。（3）遗嘱人提供的遗嘱，无修改、补充的，遗嘱人应当在公证人员面前确认遗嘱内容、签名及签署日期属实。遗嘱人提供的遗嘱或者遗嘱草稿，有修改、补充的，经整理、誊清后，应当交遗嘱人核对，并由其签名。遗嘱人未提供遗嘱或者遗嘱草稿的，公证人员可以根据遗嘱人的意思表示代为起草遗嘱。公证人员代拟的遗嘱，应当交遗嘱人核对，并由其签名。（4）公证员遵守回避的规定，依法作出公证。（5）公证遗嘱采用打印形式。遗嘱人根据遗嘱原稿核对后，应当在打印的公证遗嘱上签名、盖章或者按手印。

关联参见

《公证法》第 11 条、第 25 条、第 26 条；《公证程序规则》；《遗嘱公证细则》

第一千一百四十条　【作为遗嘱见证人的消极条件】下列人员不能作为遗嘱见证人：

（一）无民事行为能力人、限制民事行为能力人以及其他不具有见证能力的人；

（二）继承人、受遗赠人；

（三）与继承人、受遗赠人有利害关系的人。

条文解读

遗嘱见证人 ➲ 遗嘱见证人是指在现场亲历遗嘱人立遗嘱的过程，能够证明遗嘱真实性的人。

无民事行为能力人、限制民事行为能力人 ➲ 根据《民法典》规定，不具有完全民事行为能力的人有：不满 18 周岁的未成年人，但是 16 周岁以上以自己的劳动收入为主要生活来源的未成年人除外；不能辨认或者不能完全辨认自己行为的成年人。见证人是否具有民事行为能力，应当以遗嘱见证时为准。如果其于遗嘱人立遗嘱时具有完全民事行为能力，而后丧失行为能力，则不影响遗嘱见证的效力。

继承人、受遗赠人；与继承人、受遗赠人有利害关系的人 ➲ 为了确保见证人能够公正、客观地对遗嘱的真实性作出证明，法律一般要求见证人与遗嘱内容没有利害关系。继承人、受遗赠人属于遗嘱继承法律关系或者遗赠法律关系中的当事人，与继承人、受遗赠人有利害关系的人（如债权人、债务人、共同经营的合伙人）也可能会因遗产分配而间接地获得利益，因此不宜担任遗嘱见证人。

案例指引

21. 代书遗嘱无效，其真实意思是否应当实现？[①]

赵某（1995 年去世）与朱某（女）系夫妻关系，共生育三个子女赵某甲、赵某乙、赵某丙。儿子赵某丙有一子赵某丁。

2013 年 1 月，朱某购买拆迁安置房一套。2016 年 10 月 15 日朱某临终前，三个子女均在场，赵某乙代朱某书写遗嘱，内容为："祖产房屋拆迁后所购安置房作如下处理：（一）作出租处理，租金归兄妹三人平分；（二）……；（三）房屋出租期限由我过世后开始，等我的孙子赵某丁结婚后房产归孙子赵某丁所有，结束租用，但是儿子赵某丙享有永久居住权。"赵某甲、赵某乙、赵某丙及朱某娥、朱某顺、朱某金、聂某顺在遗嘱见证人处签名，朱某在立遗嘱人处签名。当天，朱某去世。

2019 年 6 月，赵某乙诉至法院要求继承上述房屋三分之一的产权份额。一审法院认为赵某乙作为继承人为朱某代书遗嘱，违反法律规定，且现有证据亦不足以证明该遗嘱内容系朱某的真实意思表示，故该代书遗嘱无效，一审判决支持赵某乙的诉讼请求。赵某丁不服上诉。镇江市中级人民法院二审审理中，法官注意到

---

① 参见《2020 年度江苏婚姻家庭典型案例》（2021 年 3 月 5 日发布），代书遗嘱虽无效 真实意思应实现，载江苏法院网 https：//www. jsfy. gov. cn/article/91654. html，最后访问日期：2023 年 2 月 23 日。

代书遗嘱虽因形式瑕疵导致无效，但各当事人均在遗嘱上签字，名为“遗嘱”，实为家庭成员之间协商一致达成的分家析产协议。为保障立遗嘱人真实意思的实现，在二审法官的主持下，各方当事人最终达成调解协议，确认案涉房产归赵某丁所有，赵某丙、赵某丁补偿赵某乙3万元。

为保障立遗嘱人意思表示真实，法律对于代书遗嘱的形式进行了严格规定，继承人与遗产有直接的利害关系，继承人作为见证人代书遗嘱对公正的见证及确保遗嘱内容真实性不利，因此通常情况下继承人代书遗嘱不符合法定形式会导致代书遗嘱无效，遗嘱无效应按法定继承处理遗产。然而，本案所涉房产并不全是被继承人朱某的遗产，也包含部分家庭财产，朱某和所有法定继承人均在场且在遗嘱上签名，能够确定遗嘱内容是立遗嘱人真实意思表示，也可视为家庭成员之间达成分家析产协议。有各方当事人的签名，表明这是各方当事人的真实意思表示。因此，本案按此“遗嘱”的内容分配遗产，既实现立遗嘱人的真实意思，也是尊重各方当事人的共同意思。

关联参见

《民法典继承编解释（一）》第24条

第一千一百四十一条　【必留份】遗嘱应当为缺乏劳动能力又没有生活来源的继承人保留必要的遗产份额。

条文解读

必要的遗产份额　必要的遗产份额即必留份，是指被继承人在立遗嘱处分自己的遗产时，必须依法留给特定继承人，不得自由处分的遗产份额。继承人是否缺乏劳动能力又没有生活来源，应当按遗嘱生效时该继承人的具体情况而定。遗嘱人未保留缺乏劳动能力又没有生活来源的继承人的遗产份额，遗产处理时，应当为该继承人留下必要的遗产，所剩余的部分，才可参照遗嘱确定的分配原则处理。

案例指引

22. 夫妻一方所订立的遗嘱中没有为胎儿保留遗产份额，该遗嘱效力应如何认定？[①]

李某、郭某阳诉郭某和、童某某继承纠纷案

（最高人民法院审判委员会讨论通过　2015 年 4 月 15 日发布）

关键词　民事继承 人工授精 婚生子女

裁判要点

1. 夫妻关系存续期间，双方一致同意利用他人的精子进行人工授精并使女方受孕后，男方反悔，而女方坚持生出该子女的，不论该子女是否在夫妻关系存续期间出生，都应视为夫妻双方的婚生子女。

2. 如果夫妻一方所订立的遗嘱中没有为胎儿保留遗产份额，因违反《中华人民共和国继承法》第十九条[②]规定，该部分遗嘱内容无效。分割遗产时，应当依照《中华人民共和国继承法》第二十八[③]条规定，为胎儿保留继承份额。

---

① 最高人民法院指导案例 50 号。

② 现为《民法典》第 1141 条，下同。

③ 现为《民法典》第 1155 条，下同。

相关法条

1.《中华人民共和国民法通则》第五十七条[①]

2.《中华人民共和国继承法》第十九条、第二十八条

基本案情

原告李某诉称：位于江苏省南京市某住宅小区的306室房屋，是其与被继承人郭某顺的夫妻共同财产。郭某顺因病死亡后，其儿子郭某阳出生。郭某顺的遗产，应当由妻子李某、儿子郭某阳与郭某顺的父母即被告郭某和、童某某等法定继承人共同继承。请求法院在析产继承时，考虑郭某和、童某某有自己房产和退休工资，而李某无固定收入还要抚养幼子的情况，对李某和郭某阳给予照顾。

被告郭某和、童某某辩称：儿子郭某顺生前留下遗嘱，明确将306室赠予二被告，故对该房产不适用法定继承。李某所生的孩子与郭某顺不存在血缘关系，郭某顺在遗嘱中声明他不要这个人工授精生下的孩子，他在得知自己患癌症后，已向李某表示过不要这个孩子，是李某自己坚持要生下孩子。因此，应该由李某对孩子负责，不能将孩子列为郭某顺的继承人。

法院经审理查明：1998年3月3日，原告李某与郭某顺登记结婚。2002年，郭某顺以自己的名义购买了涉案建筑面积为45.08平方米的306室房屋，并办理了房屋产权登记。2004年1月30日，李某和郭某顺共同与南京军区南京总医院生殖遗传中心签订了人工授精协议书，对李某实施了人工授精，后李某怀孕。2004年4月，郭某顺因病住院，其在得知自己患了癌症后，向李某表示不要这个孩子，但李某不同意人工流产，坚持要生下孩子。5月20

① 现为《民法典》第136条，下同。

日，郭某顺在医院立下自书遗嘱，在遗嘱中声明他不要这个人工授精生下的孩子，并将306室房屋赠与其父母郭某和、童某某。郭某顺于5月23日病故。李某于当年10月22日产下一子，取名郭某阳。原告李某无业，每月领取最低生活保障金，另有不固定的打工收入，并持有夫妻关系存续期间的共同存款18705.4元。被告郭某和、童某某系郭某顺的父母，居住在同一个住宅小区的305室，均有退休工资。2001年3月，郭某顺为开店，曾向童某某借款8500元。

南京大陆房地产估价师事务所有限责任公司受法院委托，于2006年3月对涉案306室房屋进行了评估，经评估房产价值为19.3万元。

裁判结果

江苏省南京市秦淮区人民法院于2006年4月20日作出一审判决：涉案的306室房屋归原告李某所有；李某于本判决生效之日起30日内，给付原告郭某阳33442.4元，该款由郭某阳的法定代理人李某保管；李某于本判决生效之日起30日内，给付被告郭某和33442.4元、给付被告童某某41942.4元。一审宣判后，双方当事人均未提出上诉，判决已发生法律效力。

裁判理由

法院生效裁判认为：本案争议焦点主要有两方面：一是郭某阳是否为郭某顺和李某的婚生子女？二是在郭某顺留有遗嘱的情况下，对306室房屋应如何析产继承？

关于争议焦点一。《最高人民法院关于夫妻离婚后人工授精所生子女的法律地位如何确定的复函》中指出："在夫妻关系存续期间，双方一致同意进行人工授精，所生子女应视为夫妻双方的婚生子女，父母子女之间权利义务关系适用《中华人民共和国婚姻法》的有关规定。”郭某顺因无生育能力，签字同意医院为其妻子即原告李某施行人工授精手术，该行为表明郭某顺具有通过人工授精方法获得其与李某共同子女的意思表示。只要在夫妻关系存续期间，夫妻双方同意通过人工授精生育子女，所生子女均应视为夫妻双方的婚生子女。《中华人民共和国民法通则》第五十七条①规定：“民事法律行为从成立时起具有法律约束力。行为人非依法律规定或者取得对方同意，不得擅自变更或者解除。”因此，郭某顺在遗嘱中否认其与李某所怀胎儿的亲子关系，是无效民事行为，应当认定郭某阳是郭某顺和李某的婚生子女。

关于争议焦点二。《中华人民共和国继承法》（以下简称《继承法》）第五条②规定：“继承开始后，按照法定继承办理；有遗嘱的，按照遗嘱继承或者遗赠办理；有遗赠扶养协议的，按照协议办理。”被继承人郭某顺死亡后，继承开始。鉴于郭某顺留有遗嘱，本案应当按照遗嘱继承办理。《继承法》第二十六条③规定：“夫妻在婚姻关系存续期间所得的共同所有的财产，除有约定的以外，如果分割遗产，应当先将共同所有的财产的一半分出为配偶所有，其余的为被继承人的遗产。”最高人民法院《关于贯彻执行〈中华人民共和国继承法〉若干问题的意见》第38条④规定：“遗嘱人以遗嘱处分了属于国家、集体或他人所有的财产，遗嘱的这部分，应认定无效。”登记在被继承人郭某顺名下的306室房屋，已查明是郭某顺与原告李某夫妻关系存续期间取得的夫妻共同财

① 现为《民法典》第136条。
② 现为《民法典》第1123条。
③ 现为《民法典》第1153条。
④ 现为《民法典继承编解释（一）》第26条。

产。郭某顺死亡后，该房屋的一半应归李某所有，另一半才能作为郭某顺的遗产。郭某顺在遗嘱中，将306室全部房产处分归其父母，侵害了李某的房产权，遗嘱的这部分应属无效。此外，《继承法》第十九条规定："遗嘱应当对缺乏劳动能力又没有生活来源的继承人保留必要的遗产份额。"郭某顺在立遗嘱时，明知其妻子腹中的胎儿而没有在遗嘱中为胎儿保留必要的遗产份额，该部分遗嘱内容无效。《继承法》第二十八条规定："遗产分割时，应当保留胎儿的继承份额。"因此，在分割遗产时，应当为该胎儿保留继承份额。综上，在扣除应当归李某所有的财产和应当为胎儿保留的继承份额之后，郭某顺遗产的剩余部分才可以按遗嘱确定的分配原则处理。

关联参见

《民法典继承编解释（一）》第25条；《公证法》第36条、第40条

第一千一百四十二条　【遗嘱的撤回与变更】 遗嘱人可以撤回、变更自己所立的遗嘱。

立遗嘱后，遗嘱人实施与遗嘱内容相反的民事法律行为的，视为对遗嘱相关内容的撤回。

立有数份遗嘱，内容相抵触的，以最后的遗嘱为准。

条文解读

遗嘱的撤回、变更 ➔ 遗嘱的撤回，是指遗嘱人在立遗嘱后又对该遗嘱加以取消。遗嘱的变更，是指遗嘱人在立遗嘱后又对该

遗嘱作出修改。订立遗嘱后，遗嘱人认为遗嘱不当或者有错误，或者改变主意的，遗嘱人在死亡之前均可以撤回或者变更其原来订立的遗嘱，这也是遗嘱自由原则的具体表现。

如果遗嘱人立有数份遗嘱，内容相抵触的，应以立遗嘱的时间作为认定遗嘱有效的判断标准，无论遗嘱形式如何，遗嘱人最后所立的遗嘱具有优先适用的效力。

实务应用

28. 遗嘱人生前立了数份遗嘱的，应如何处理？

在现实生活中，常常会发生一个遗嘱人立了几份内容不同的遗嘱的情况。这时应分情况确定各个遗嘱的效力：

（1）要对各个遗嘱的合法性进行审查，看其是否全部有效，如果各个遗嘱均无效的，则按照法定继承处理；如果只有一个有效的，则按照该有效的遗嘱处理。

（2）如果有两个以上有效遗嘱，其遗嘱内容不相抵触的，则各个遗嘱分别发生其效力，执行人应该按照各个遗嘱内容执行。

（3）如果两个以上有效遗嘱内容互相抵触的，不论采用何种遗嘱形式，以最后设立的遗嘱为准。

案例指引

23. 遗嘱背面有补充遗言，是否影响遗嘱的效力？①

陆某和仇某系夫妻关系，二人育有四个子女。妻子陆某于2015年死亡，丈夫仇某于2016年死亡。后为继承遗产事宜，仇三

① 参见润萱、清波：《有遗嘱为什么法官还是按照法定继承处理?》，载江苏法院网https：//www.jsfy.gov.cn/article/65995.html，最后访问日期：2023年2月23日。

（女）诉至法院，要求按照法定继承分割遗产。庭审中，其中的一个子女仇二（男）提交2006年12月29日仇某亲笔书写的遗嘱一份，该份遗嘱正面载明："把房子分作六份，四个子女及两个孙子平分，可分作6份"，其中的"6"被改动过。该页纸背面载明"以上这个遗言遗漏了一重要问题或者是没有考虑周到的问题，即我二老百年后，房子归谁？我们有三种考虑，即年老病重谁来照应（包括卧病在床、不能自理、吃饭要人喂、大便要处理等等）服侍的人不怕苦不嫌烦、不怕脏，谁来服侍房子就送它，那怕它是外人。第二种是房子给困难户。第三是将房子卖掉，按继承人6位来平分。可能皆大欢喜，或者还有意见？不如四个人分好。2007年9月补充。"

本案遗产应按法定继承还是遗嘱继承处理？被告仇二提交的遗嘱背面第一行载明"以上这个遗言遗漏了一重要问题或者是没有考虑周到的问题"，表明2007年9月补充遗言背面内容承接2006年12月29日遗言正面内容，系2006年12月29日遗言的延续和补充，遗言的正面和背面内容应当视为一个整体，不可分割，该遗言背面载明的内容表明被继承人在订立遗嘱时对遗产如何分配未形成确定性意见，该遗嘱内容具有不确定性。对于被告仇二要求按照该遗嘱分配遗产的意见，法院最终不予支持，本案按法定继承来处理。

关联参见

《民法典》第1743条；《公证法》第36条、第40条

第一千一百四十三条　【遗嘱无效的情形】无民事行为能力人或者限制民事行为能力人所立的遗嘱无效。

遗嘱必须表示遗嘱人的真实意思，受欺诈、胁迫所立的遗嘱无效。

伪造的遗嘱无效。

遗嘱被篡改的，篡改的内容无效。

条文解读

遗嘱无效 ➲ 遗嘱无效是指遗嘱因不符合法律规定而不能发生法律效力。本条规定的遗嘱无效事由如下：

1. 遗嘱人不具有遗嘱能力。只有具有完全民事行为能力的人才可以立遗嘱。没有遗嘱能力的人，即无民事行为能力人或者限制民事行为能力人所立的遗嘱无效。无民事行为能力人或者限制民事行为能力人所立的遗嘱，即使其本人后来具有完全民事行为能力，仍属无效遗嘱。遗嘱人立遗嘱时具有完全民事行为能力，后来成为无民事行为能力人或者限制民事行为能力人的，不影响遗嘱的效力。

2. 遗嘱并非遗嘱人真实的意思表示。主要包括以下几种情况：

（1）受欺诈、受胁迫所设立的遗嘱。应当注意的是，受欺诈、受胁迫所设立的遗嘱，虽然也是民事法律行为，但是不适用《民法典》第148—150条的规定，不属于可撤销的民事法律行为，而是无效的民事法律行为。

（2）伪造的遗嘱。这是指以被继承人的名义设立，但根本不是被继承人意思表示的遗嘱。

（3）被篡改的遗嘱内容。经篡改的遗嘱内容已经不再是遗嘱人的意思表示，而是篡改人的意思表示，因而不发生遗嘱的效力。遗嘱中未被篡改的内容仍然有效。

（4）根据《民法典继承编解释（一）》，遗嘱人以遗嘱处分了国家、集体或者他人财产的，应当认定该部分遗嘱无效。

案例指引

24. 立遗嘱人行为能力存疑时怎么处理？[①]

李氏有三兄妹，大哥一生未婚，亦无子女，曾被医院诊断为精神分裂症，常年住院，日常生活起居由二弟夫妻照顾。大哥于2011年9月20日购买了位于北京市海淀区某处的经济适用房一套，并将房屋登记在自己名下。2014年3月27日，大哥去世，生前留有亲笔遗嘱，百年之后自己名下的房屋归二弟夫妇所有。三妹听说大哥去世后前来要求分割大哥遗产，并为此诉至法院。三妹主张大哥生前有精神疾病，并向法院提交了大哥生前的住院病历，主张大哥订立遗嘱的时候是无民事行为能力人，其所立遗嘱没有法律效力，大哥的遗产应按照法律规定进行法定继承，所以理应有自己的份额。二弟称自己平时照顾大哥，大哥生前住院费用、生活开支及购房款都是其出钱，并向法院提交了大哥生前立遗嘱时的录像和照片，大哥没有将自己的财产分给三妹，所以三妹没有资格分取大哥的遗产。

通观大哥生前病历材料，其在书写遗嘱前后虽被医院诊断为精神分裂症，但病历材料均注明其意识清楚，且二弟提交了大哥书写遗嘱时的视频及照片材料，在未有明确意见确定大哥书写时

---

① 参见胡喜辉、周宇蕾：《怎样立一份有效的遗嘱？》，载北京法院网 https：//bjgy. bjcourt. gov. cn/article/detail/2019/01/id/3704840. shtml，最后访问日期：2023年2月24日。

不具备民事行为能力的情况下，根据谁主张谁举证的举证责任分配原则，三妹虽主张大哥立遗嘱的时候没有行为能力，但其却没有证据证明大哥立遗嘱时是精神病人，应承担举证不能的法律后果。最后，法院判决遗嘱有效，房产归二哥所有。

关联参见

《民法典》第19—23条、第144条；《民法典继承编解释（一）》第26条、第28条

第一千一百四十四条　【附义务的遗嘱继承或遗赠】 遗嘱继承或者遗赠附有义务的，继承人或者受遗赠人应当履行义务。没有正当理由不履行义务的，经利害关系人或者有关组织请求，人民法院可以取消其接受附义务部分遗产的权利。

条文解读

附义务的遗嘱继承或者遗赠 ➲ 附有义务的遗嘱继承或者遗赠，是指遗嘱继承人或者受遗赠人在继承遗嘱人的财产时需要履行遗嘱人对其附加的特定义务，否则其接受附义务部分遗产的权利可能被法院取消的遗嘱继承或者遗赠。

这种附加义务的条件，应当符合以下要求：（1）附义务的遗嘱所设定的义务，只能由遗嘱继承人或者受遗赠人承担，不得对不取得遗产利益的人设定义务。（2）设定的义务不得违背法律和社会公共利益。（3）设定的义务必须是可能实现的。（4）附义务的遗嘱中所规定的继承人或受遗赠人应当履行的义务，不得超过继承人或受遗赠人所取得的利益。

附义务的遗嘱继承或者遗赠，如义务能够履行，而继承人、受遗赠人无正当理由不履行，经受益人或者其他继承人请求，人民法院可以取消其接受附义务部分遗产的权利，由提出请求的继承人或者受益人负责按遗嘱人的意愿履行义务，接受遗产。

需要注意的是，遗嘱继承人或者受遗赠人履行遗嘱所附义务的前提为接受继承或者遗赠；如果放弃继承或者受遗赠，则没有履行该义务的责任。

实务应用

29. 在附义务的遗嘱继承和遗赠中，遗嘱继承人和受遗赠人在什么情况下可以不履行义务？

在附义务的遗嘱继承和遗赠中，遗嘱继承人或受遗赠人不能只表示接受权利，而不接受义务，如果他不愿意承担遗赠所附的义务，即随之失去接受遗产的权利。但是，遗嘱继承人或受遗赠人有正当理由，可以不履行遗嘱中的义务。属于上述“正当理由”的情况有如下几种：(1) 遗嘱中所设定的义务违反法律、法规的强制性规定或者违背了社会公共利益；(2) 遗嘱中所设定的义务不具有实现的条件和可能，在客观上是不可能实现的；(3) 遗嘱中所设定的遗嘱继承人或受遗赠人应当履行的义务，不得超过遗嘱继承人或受遗赠人所取得的遗产利益。遗嘱人在遗嘱中所附的义务，不是法定义务，而是有条件的义务，即以转让遗产权利为条件。同样，遗嘱继承人或受遗赠人承担义务也是有条件的，即以接受的遗产份额的价值为限。在权利义务不相一致时，遗嘱继承人或受遗赠人可以拒绝履行超过遗产权利的义务。遗嘱人在遗嘱中所附的义务是合法的、正当的，遗嘱继承人或受遗赠人没有正当理由不履行遗嘱中所附的义务而占有遗产，有关单位和个人可以请求人民法院取消其接受遗嘱继承或遗赠的权利。

案例指引

25. 遗赠扶养协议能否撤销？[①]

刘某某的老伴于2008年去世后，刘某某独自一人生活，没有儿女。刘某某有一个外甥孙某某，为了安度晚年，刘某某与孙某某签订了一份遗赠扶养协议，约定将刘某某的房产赠与孙某某，同时约定孙某某承担赡养义务，直至刘某某去世为止，然后刘某某将该房产办理赠与手续给孙某某。刚开始，孙某某对刘某某照顾有加，刘某某也特别满意，但时间久了，双方因琐事发生争执，渐生嫌隙。2010年6月开始，孙某某拒绝赡养刘某某，并将刘某某从住处驱赶出去，独自占有了刘某某的房产。法院审理后认为，刘某某与孙某某签订的是遗赠扶养协议，孙某某作为扶养人不履行义务，刘某某作为遗赠人可以依法撤销协议。

遗赠扶养协议是遗赠人和扶养人之间关于扶养人承担遗赠人的生养死葬的义务，遗赠人的财产在其死后转归扶养人所有的协议。遗赠扶养协议的特征为，遗赠是有偿的、相互附有条件的，体现了权利义务相一致的原则。如果协议约定的受遗赠人拒不履行相应的扶养义务，那么就丧失了接受遗赠的基础条件，在此情况下接受遗赠有违公平和诚实信用等基本原则，因此法律赋予了有关单位和个人撤销的权利。

---

① 参见郑东梅：《老有所依，遗赠扶养协议知多少》，载北京法院网 https：//bjgy.bjcourt. gov. cn/article/detail/2019/09/id/4493254. shtml，最后访问日期：2023年2月23日。

关联参见

《民法典继承编解释（一）》第29条；《民法典》第663条

第四章　遗产的处理

第一千一百四十五条　【遗产管理人的选任】继承开始后，遗嘱执行人为遗产管理人；没有遗嘱执行人的，继承人应当及时推选遗产管理人；继承人未推选的，由继承人共同担任遗产管理人；没有继承人或者继承人均放弃继承的，由被继承人生前住所地的民政部门或者村民委员会担任遗产管理人。

条文解读

遗产管理人➔遗产管理人是在继承开始后遗产分割前，负责处理涉及遗产有关事务的人。根据本条规定，应当按下列顺序选任遗产管理人：

1. 原则上，由遗嘱执行人担任遗产管理人。

2. 没有遗嘱执行人的，由继承人推选出遗产管理人。所谓推选，就是全体继承人共同推举出其中一名或者数名继承人为遗产管理人。

3. 未推选的，由继承人共同担任遗产管理人。

4. 没有继承人或者继承人均放弃继承的，由被继承人生前住所地的民政部门或者村民委员会担任遗产管理人。被继承人死亡后，如果没有继承人或者继承人均放弃继承时，遗产就属于无人继承的遗产，为了妥善保管并更好处理被继承人的遗产，对于城镇的无人继承遗产由民政部门担任遗产管理人更为妥当，农村居民生前作为集体所有制组织成员，享受了集体所有制组织的很多权益，遗产由其所在的村民委员会管理也是合理的。

案例指引

26. 被继承人的债权人可否申请法院为被继承人指定遗产管理人？①

刘某为被继承人徐某的债权人，天津市河北区民政局系徐某生前住所地的民政部门。徐某于2020年4月5日死亡，生前未婚、未生育子女，其名下遗留数处房产，死亡后遗产处于无继承人的状态。刘某曾在徐某死亡后，以徐某为被告向法院提起民间借贷诉讼，但法院以被告已死亡为由裁定驳回起诉。2021年1月1日《民法典》施行后，刘某依据《民法典》第1145条、第1146条的相关规定，认为在徐某无继承人时应由天津市河北区民政局作为其遗产管理人，故向法院提起申请，要求指定天津市河北区民政局作为徐某的遗产管理人，由天津市河北区民政局管理徐某遗产并以徐某遗产偿还其债务。

法院判决认为，徐某于2020年4月5日死亡，无继承人导致其遗产处于无人管理的状态。《民法典》第1145条、第1146条对于死者无继承人时遗产管理人的选任问题作出了新的规定，即死者没有继承人或者继承人均放弃继承的，由被继承人生前住所地

---

① 参见《刘某申请指定天津市河北区民政局为徐某遗产管理人案》，载天津法院网 https：//tjfy. tjcourt. gov. cn/article/detail/2021/11/id/6366280. shtml，最后访问日期：2023年2月23日。

的民政部门或者村民委员会担任遗产管理人。《〈民法典〉时间效力的若干规定》第3条规定，民法典施行前的法律事实引起的民事纠纷案件，当时的法律、司法解释没有规定而民法典有规定的，可以适用民法典的规定，但是明显减损当事人合法权益、增加当事人法定义务或者背离当事人合理预期的除外。本案中，在徐某没有继承人的情况下，以法院指定的方式确定遗产管理人，解决权利人针对徐某遗产的争议，更有利于管理和维护徐某的遗产，同时能确保权利人利益得以顺利实现。法院判决指定徐某住所地的天津市河北区民政局作为徐某的遗产管理人。

27. 债务人死亡后其全部继承人均放弃继承遗产亦不担任遗产管理人情形下的债务如何处理？①

2021年8月28日李某与原告某支行签订小额贷款额度借款合同“极速贷”，合同项下授信额度金额为：人民币（大写）贰拾万元整，（小写）200000.00。借款期限：共12月，即2021年8月28日至2023年8月28日。借款利率：7.2%。合同签订后原告于同日向李某发放了借款200000元。借款人李某于2021年9月2日因疾病死亡。现因李某死亡债务未作清偿。

法院经审理认为：借款合同系双方真实意思表示，内容不违反法律、行政法规的强制性规定，合法有效，双方均应依约全面、诚实履行。合同签订后，原告按约定向李某出借了借款，李某应按照合同约定履行还款付息义务，李某死亡后，应认定为李某生前未清偿债务。在审理过程中，案涉继承人均口头表示放弃继承

① 参见彭高旗：《债务人死亡后其全部继承人均放弃继承遗产亦不担任遗产管理人情形下的债务如何处理?》，载陕西法院网 http：//sxgy. sxfywcourt. gov. cn/article/detail/2022/04/id/6657036. shtml，最后访问日期：2023年2月26日。

李某的遗产，但均未提供放弃继承的书面材料。继承人虽当庭表示不愿担任遗产管理人，但部分继承人却仍实际上占有、使用李某生前的部分遗产，故对其不愿担任遗产管理人的意思表示，不予认可。法院结合案件实际，综合考虑全案因素，认定仍由继承人共同担任李某的遗产管理人，在管理的李某遗产范围内承担偿还李某涉案债务的义务。

关联参见

《民法典》第 194 条；《信托法》第 39 条

第一千一百四十六条　【法院指定遗产管理人】 对遗产管理人的确定有争议的，利害关系人可以向人民法院申请指定遗产管理人。

条文解读

法院指定遗产管理人 ➲ 出现以下对遗产管理人的确定有争议的情况时，利害关系人可以向法院起诉，申请指定遗产管理人：(1) 遗嘱执行人不愿意参与遗产管理，或者多个遗嘱执行人之间因遗产管理发生纠纷；(2) 继承人之间因为遗产管理发生纠纷；(3) 其他利害关系人对遗产管理人的确定有异议。

实务应用

30. 利害关系人可以向人民法院申请指定遗产管理人，如何确定管辖法院？

《民事诉讼法》第 34 条第 3 项规定，因继承遗产纠纷提起的诉讼，由被继承人死亡时住所地或者主要遗产所在地人民法院专属管辖。根据该规定，涉及继承遗产的纠纷应当由特定法院专属管辖。确定遗产管理人的纠纷也属于因继承遗产引发的纠纷，故也应由被继承人死亡时的住所地或者主要遗产所在地法院管辖。

被继承人死亡时的住所地，需要根据《民法典》总则编的有关规定确定。根据《民法典》第 25 条规定，自然人以户籍登记或者其他有效身份登记记载的居所为住所；经常居所与住所不一致的，经常居所视为住所。因此，被继承人死亡时的住所地就是其经常居住地，或者户籍、其他身份证件登记的居所所在地。所谓主要遗产所在地就是被继承人的绝大部分遗产的所在地。

案例指引

28. 利害关系人有争议，法院指定遗嘱管理人时应考虑何种因素？[①]

厦门市思明区某处房屋原业主为魏姜氏（19 世纪生人）。魏姜氏育有三女一子，该四支继承人各自向下已经延嗣到第五代，但其中儿子一支无任何可查信息，幼女一支散落海外情况不明，仅长女和次女两支部分继承人居住在境内。因继承人无法穷尽查明，长女和次女两支继承人曾历经两代、长达十年的继承诉讼，仍未能顺利实现继承析产。《民法典》实施后，长女一支继承人以欧某士为代表提出，可由生活在境内的可查明信息的两支继承人共同管理祖宅；次女一支继承人则提出，遗产房屋不具有共同管理的

① 参见《人民法院贯彻实施民法典典型案例（第一批）》（2022 年 2 月 25 日发布），欧某士申请指定遗产管理人案，载最高人民法院网 https：//www.court.gov.cn/zixun-xiangqing-347181.html，最后访问日期：2023 年 3 月 6 日。

条件，应由现实际居住在境内且别无住处的次女一支继承人中的陈某萍和陈某芬担任遗产管理人。

生效裁判认为，魏姜氏遗产的多名继承人目前下落不明、信息不明，遗产房屋将在较长时间内不能明确所有权人，其管养维护责任可能长期无法得到有效落实，确有必要在析产分割条件成就前尽快依法确定管理责任人。而魏姜氏生前未留有遗嘱，未指定其遗嘱执行人或遗产管理人，在案各继承人之间就遗产管理问题又分歧巨大、未能协商达成一致意见，故当秉承最有利于遗产保护、管理、债权债务清理的原则，在综合考虑被继承人内心意愿、各继承人与被继承人亲疏远近关系、各继承人管理保护遗产的能力水平等方面因素后，确定案涉遗产房屋的合适管理人。次女魏某燕一支在魏姜氏生前尽到主要赡养义务，与产权人关系较为亲近，且历代长期居住在遗产房屋内并曾主持危房改造，与遗产房屋有更深的历史情感联系，对周边人居环境更为熟悉，更有实际能力履行管养维护职责，更有能力清理遗产上可能存在的债权债务；长女魏某静一支可查后人现均居住在漳州市，客观上无法对房屋尽到充分、周到的管养维护责任。故，由魏某静一支继承人跨市管理案涉遗产房屋暂不具备客观条件；魏某燕一支继承人能够协商支持由陈某萍、陈某芬共同管理案涉遗产房屋，符合遗产效用最大化原则。因此判决指定陈某萍、陈某芬为魏姜氏房屋的遗产管理人。

关联参见

《民法典》第 194 条；《信托法》第 39 条

第一千一百四十七条　【遗产管理人的职责】 遗产管理人应当履行下列职责：

（一）清理遗产并制作遗产清单；

（二）向继承人报告遗产情况；

（三）采取必要措施防止遗产毁损、灭失；

（四）处理被继承人的债权债务；

（五）按照遗嘱或者依照法律规定分割遗产；

（六）实施与管理遗产有关的其他必要行为。

条文解读

清理遗产 ➲ 清理遗产就是要清查整理所有的遗产，查清遗产的名称、数量、地点、价值等状况。

实务应用

31. 遗产中有大量上市公司股票，若正值股票市场动荡时期，遗产管理人是否可以根据市场价格情况将股票出售，以防止股票贬值？

遗产管理人仅有防止遗产毁损、灭失的职责，而没有确保遗产增值的义务。遗产管理人对遗产不宜有太大的处分权，只要确保遗产处于正常状态，不至于毁损、灭失即可。因此，在这种情况下也不宜对股票作出处分。当然，如果遗产管理人是由全体继承人共同担任，在全体继承人协商一致的情况下对遗产实行必要的处分，也是可以的。

32. 遗产管理人如何处理被继承人的债权债务？

遗产管理人的职责之一就是处理被继承人的债权债务。

（1）对债权的处理。遗产管理人在清理遗产时，发现被继承人生前有债权的，应当依法向债务人主张债权。这种债权既包括合同之债，也包括侵权之债，还包括不当得利和无因管理之债。只要债务人未偿还所欠被继承人的债务，遗产管理人就可以通过各种方式，包括诉讼方式依法请求债务人偿还。

（2）对债务的处理。在分割遗产之前，应当清偿被继承人生前债务。因此，遗产管理人如果发现被继承人生前负有债务的，也应当以遗产偿还此债务。当然，如果被继承人所遗留的债权债务仍处于诉讼程序之中，尚未最终确定，此时，遗产管理人就应当积极参与相关诉讼，依法维护遗产所涉的权益，确保遗产利益最大化。遗产管理人处理完债权债务后，也应当将处理情况向继承人报告，以便继承人掌握遗产的实际情况。

案例指引

29. 被指定的遗产管理人如何清偿被继承人债务？[①]

2019年5月11日，李某生骑自行车不慎摔倒致头部及全身多处外伤，经路人拨打急救电话被送往上饶市某医院治疗，2020年3月30日，李某生经抢救无效死亡，在此期间，其一直在上饶市某医院接受治疗，欠下医药费30余万元。经查，李某生在多家银行共有存款17万余元。为主张债权，上饶市某医院将上饶市某区民政局、上饶市某区西市街道办事处民政所及银行（第三人）诉至法院。本案审理过程中，为查明李某生是否有继承人，承办法官

① 参见《江西高院发布2021年度全省法院贯彻实施民法典十大典型案例》，上饶市和康医院有限公司诉上饶市信州区民政局等遗产管理纠纷案，载江西政法网https://www.jxzfw.gov.cn/2022/0110/2022011038248.html，最后访问日期：2023年2月23日。

到李某生生前住所地及籍贯所在地的公安机关、民政部门、社区进行调查，均无果。后法院向外发布公告，截至判决作出之日，无李某生的继承人向法院申报。

上饶市信州区人民法院经审理认为，《民法典》第1145条规定，没有继承人或者继承人均放弃继承的，由被继承人生前住所地的民政部门或者村民委员会担任遗产管理人。本案中，经穷尽方式调查，无法查询到李某生有继承人，依法应由信州区民政部门担任遗产管理人。街道民政所系民政局的下属机构，且民政局承担的职能较民政所更为全面，认定民政局为遗产管理人更有利于债权的实现，故认定被告上饶市某区民政局为李某生的遗产管理人。民政局及民政所均属民政部门，二者仅是对遗产管理是否属于各自的职责范围产生争议，不属于对遗产管理人的确定有争议的情形，如认定债权人须先行向法院申请指定遗产管理人，势必影响债权实现的效率，故由原告先行申请法院指定遗产管理人并无必要。《民法典》第1147条规定，遗产管理人应当履行处理被继承人的债务的职责，李某生所负债务应由上饶市某区民政局负责处理，第三人银行应当协助上饶市某区民政局处理李某生所负的债务。为提高债权实现的效率，应由第三人银行将李某生的存款支付给原告，用以偿还债务。因此法院判决被告上饶市某区民政局于判决生效后30日内履行处理李某生对上饶市某医院有限公司所负债务的职责，第三人银行协助被告上饶市某区民政局将李某生的存款支付给原告上饶市某医院有限公司，用以偿还债务。现判决已经生效。

关联参见

《民法典》第194条；《信托法》第39条

第一千一百四十八条　【遗产管理人的责任】 遗产管理人应当依法履行职责，因故意或者重大过失造成继承人、受遗赠人、债权人损害的，应当承担民事责任。

条文解读

遗产管理人承担民事责任 ➜ 遗产管理人承担民事责任的构成要件包括：

1. 遗产管理人在客观上实施了不当的遗产管理行为。遗产管理人必须是在实施遗产管理过程中给利害关系人造成了损害。如果不是因为遗产管理行为损害了继承人、受遗赠人、债权人的利益，则不属于本条规定的范畴。

2. 遗产管理人在主观上有故意或者重大过失。

3. 遗产管理人的行为致使遗产损失，给继承人、受遗赠人、债权人造成了损害。

实务应用

33. 遗产管理人在管理遗产过程中依法履行职责，应注意哪些问题？

遗产管理人在管理遗产时，首先应当遵守继承编的相关规定，按照上条规定的权限实施管理遗产的各项行为，包括清理遗产、制作遗产清单、报告遗产情况、处理债权债务、分割遗产等。不管遗产管理人实施哪种行为，都应当尽职尽责，不得滥用管理权限。其次，遗产管理人在管理遗产时，不得违反法律，也不得违背公序良俗。如果遗产所在地对处理特定遗产有特殊的风俗习惯，遗产管理人也应当尊重这些习俗。

案例指引

30. 各继承人表示放弃继承权且也无其他法定继承人或受遗赠人的，各继承人是否应承担妥善保管遗产的义务？[①]

2018年1月18日，龚某某向原告吴某借款人民币6万元，并出具借条一份，约定借款期限6个月，每月利息1800元。2018年3月1日，龚某某另向原告吴某借款人民币7万元，并出具借条一份，约定借款期限6个月，每月利息2100元。借款期限内，龚某某已支付了上述6万元借款本金截至2018年6月18日的利息，支付了上述7万元借款本金截至2018年6月1日的利息。2018年7月11日，龚某某意外死亡，未留有遗嘱。

原告吴某诉讼请求：(1) 依法判令被告偿还原告借款13万元；(2) 依法判令被告按照24%的年利率从2018年6月起支付利息至本金还清为止；(3) 由被告承担本案的诉讼费用。事实与理由：田某与龚某某系夫妻关系，龚某某与田某因缺资金周转，龚某某先后于2018年1月18日向原告借款6万元，约定2018年1月8日至2018年7月18日每月利息1800元，龚某某于2018年3月1日再次向原告借款7万元整，借款期限自2018年3月1日至2018年9月1日，约定利息每月2100元，龚某某已支付了部分利息，对于借款及剩下利息，原告找被告追讨，被告拒绝支付，为了使原告的合法权益得到保护故依法起诉，敬望判如所请。

被告田某、龚某甲、龚某乙、龚某丙口头或书面辩称：原告诉称的借款事实我们并不知情，系龚某某的个人债务，不应由我

---

① 湖北省鹤峰县人民法院民事判决书（2018）鄂2828民初713号，载中国裁判文书网。

们偿还。我们放弃继承龚某某遗产的权利。

被告田某系龚某某的妻子，被告龚某甲系龚某某的父亲，被告龚某乙系龚某某的儿子，被告龚某丙系龚某某的女儿，上述四被告为被继承人龚某某的第一顺序法定继承人。四被告在案件审理过程中向法院共同出具书面声明，放弃继承龚某某的遗产。

合法的借贷关系受法律保护。原告吴某与龚某某之间的借贷关系，合法有效。上述借贷事实虽发生于龚某某、田某夫妻关系存续期间，但欠条为龚某某个人所出具，田某表示对此并不知情，且原告吴某也无证据证明该借款是因家庭生活所负共同债务，故案涉 13 万元债务应当按龚某某个人债务处理。关于案涉债务利率，原告主张按年利率 24%的标准计算，不违反法律规定，应予准许，但只应计算至龚某某死亡时止。龚某某死亡以后，其作为承担民事责任的主体已经不复存在，被告田某、龚某甲、龚某乙、龚某丙均系龚某某的第一顺序继承人，本应在继承遗产范围内承担债务清偿责任，因上述四被告明确表示放弃继承，故其对龚某某依法应当清偿的债务不负偿还责任，该笔借款只应在龚某某遗产的实际价值范围内清偿，且承担支付利息的时间只应计算到龚某某死亡时止，即 2018 年 7 月 11 日。依据查明事实，案涉 6 万元借款截至龚某某死亡之前未付的利息为 6 万元×2%÷30 天×23 天 = 920 元；案涉 7 万元借款截至龚某某死亡之前未付的利息为 7 万元×2%÷30 天×40 天 = 1866. 67 元。被告田某、龚某甲、龚某乙、龚某丙作为被继承人龚某某的全部第一顺序法定继承人，一般情况下应对遗产的种类、范围及数目等情况较为熟知，四被告虽已明确表示放弃继承龚某某的遗产，但仍应履行对遗产的管理职责，并用龚某某的遗产清偿龚某某生前所负债务，以最大限度保障债权人的合法权益。被告龚某甲、龚某乙经本院传票传唤，未到庭参加诉讼，依法可以缺席判决。据此，依法判决：一、被告田某、龚某甲、龚某乙、龚某丙在本判决生效后三日内在龚某某遗产的实际价值范围内清偿原告吴某的借款13万元，并支付截至2018年7月11日龚某某生前未付的利息2786.67元；二、驳回原告吴某的其他诉讼请求。

关联参见

《民法典》第194条；《信托法》第39条

第一千一百四十九条　【遗产管理人的报酬】 遗产管理人可以依照法律规定或者按照约定获得报酬。

第一千一百五十条　【继承开始的通知】 继承开始后，知道被继承人死亡的继承人应当及时通知其他继承人和遗嘱执行人。继承人中无人知道被继承人死亡或者知道被继承人死亡而不能通知的，由被继承人生前所在单位或者住所地的居民委员会、村民委员会负责通知。

条文解读

继承开始的通知 ➲ 继承开始时，有的继承人因各种原因可能不知道继承已经开始，在这种情况下，通过该条规定，要求相关人员将被继承人死亡的事实通知继承人或者遗嘱执行人，以便保护相关继承人的利益，从而保证继承的顺利进行。

在通知的时间和方式上，一般要求负有通知义务的继承人或相关单位及时向其他继承人发出通知；通知的方式以能将被继承人死亡、继承开始的事实传达到继承人为准，一般以口头通知为主，如通过电话通知，也可以采取书面方式如电报、传真、快递等，甚至还可以采取公告的方式。

实务应用

34. 继承开始后，谁有义务通知尚不知道的继承人？

所有有继承权的人都有权利参与继承，而参与继承的前提就是知道该继承已经开始。如果继承人根本不知道被继承人死亡（被继承人死亡是继承开始的标志），则无法参与继承，也不能对其继承权进行处分，如放弃继承权。为此，法律明确规定了特定的人员或组织有通知继承人的义务：（1）在继承开始后，知道被继承人死亡的继承人应当及时通知其他继承人和遗嘱执行人。（2）继承人中无人知道被继承人死亡或者知道被继承人死亡而不能通知的，由被继承人生前单位或者住所地的居民委员会、村民委员会负责通知。（3）人民法院在审理继承案件时，如果知道有继承人而无法通知的，分割遗产时，要保留其应继承的遗产，并确定该遗产的保管人或保管单位。

关联参见

《民法典继承编解释（一）》第 30 条

第一千一百五十一条　【遗产的保管】 存有遗产的人，应当妥善保管遗产，任何组织或者个人不得侵吞或者争抢。

条文解读

遗产的保管 ➲ 在遗产分割前，遗产为继承人的共有财产，由于具体的归属还未确定，故存有遗产的人，应当妥善保管遗产，任何组织或者个人不得侵吞或者争抢。人民法院对故意隐匿、侵吞或者争抢遗产的继承人，可以酌情减少其应继承的份额。人民法院在审理继承案件时，如果知道继承人而无法通知的，分割遗产时，要保留其应继承的遗产，并确定该遗产的保管人或者保管单位。

实务应用

35. 存有遗产的人如何妥善保管遗产？

不管什么人，只要存有遗产，都有保管义务。即便继承人放弃了继承，如果继承人存有遗产，也有义务保管好直至其他继承人接手。所谓“妥善保管”，即像善良管理人一样保管，确保遗产不被损害、毁损或者灭失。这种保管仅仅是一种消极性的义务，保管人并没有义务确保遗产保值增值。但是，如果存有的是易腐败的食品等遗产，保管人就有义务予以变卖、拍卖，防止遗产腐败丧失价值。如果存有遗产的人与被继承人没有合同或者其他法律关系，此时即构成无因管理关系，需要根据无因管理的法律规定承担义务，享有权利。

关联参见

《信托法》第 39 条

第一千一百五十二条　【转继承】继承开始后，继承人于遗产分割前死亡，并没有放弃继承的，该继承人应当继承的遗产转给其继承人，但是遗嘱另有安排的除外。

条文解读

转继承 转继承是指在继承开始后，继承人未放弃继承，于遗产分割前死亡的，其所应继承的遗产份额由其继承人承受的继承制度。转继承是对遗产份额的再继承，而非继承权利的移转。

继承开始后，受遗赠人表示接受遗赠，并于遗产分割前死亡的，其接受遗赠的权利转移给他的继承人。

关联参见

《民法典继承编解释（一）》第38条

第一千一百五十三条　【遗产的确定】夫妻共同所有的财产，除有约定的外，遗产分割时，应当先将共同所有的财产的一半分出为配偶所有，其余的为被继承人的遗产。

遗产在家庭共有财产之中的，遗产分割时，应当先分出他人的财产。

条文解读

遗产的确定 在遗产继承中，应当正确确定遗产的范围，只有被继承人的个人财产才属于遗产。故在遗产分割时，应将遗产从夫妻共有财产中区分开来。同样的，应将被继承人的财产与他人的财产区分开。

实务应用

36. 共有人之一死亡时，应如何继承？

共有关系在实际生活中有这样一些具体表现形式：（1）夫妻共

有，即在夫妻关系存续期间所得的财产为夫妻共有财产。(2) 家庭共有，即家庭成员基于家庭共同生活关系经共同劳动而形成的家庭财产共有关系。(3) 共同购置而形成的财产共有关系。(4) 因合伙经营，通过签订合伙合同，共同投资而形成的财产共有关系。(5) 共同投资举办企业而形成的财产共有关系，一般表现为按股份份额的多少而按份额享有权利和承担义务，根据我国关于私营企业的规定，公民个人可以投资兴办有限责任公司形式的企业。(6) 因继承而形成的财产共有关系。

在前述这些具体的共有关系中，夫妻共有和家庭共有一般是共同共有，后几种共有关系一般是按份共有。当共有关系中共有人之一死亡时，继承开始的一个关键问题就是确定遗产的范围。对于共同购置的财产，共有人之一死亡时，应当按照出资比例或共有人之间的约定，将应属于其他共有人的财产从共同购置的财产中分离出去，剩余部分才是被继承人的遗产，由其继承人继承。对于通过合伙合同而形成的共有关系，在共有人之一死亡时，一般应结束这种合伙关系，被继承人原来的投资及应分得的利润、积累应从合伙企业的全部财产中分离出来，由被继承人的继承人继承。对于共同投资举办有限责任公司和股份有限公司而形成的企业共有关系，股东之一死亡时，被继承人的股权可由其继承人继承，也可将其股份出卖，将所得的财产作为遗产用于继承。

37. 怎样区分遗产和家庭共有财产？

遗产是公民死亡时遗留的个人合法财产，包括死者遗留下来的财产和财产权利，具体包括：公民的收入，公民的房屋、储蓄和生活用品，公民的林木、牲畜和家禽，公民的文物、图书资料，法律允许公民所有的生产资料，公民的著作权、专利权中的财产权利，公民的其他合法财产。家庭共有财产是指家庭全体成员共同共有的财产。它包括共同劳动所得的合法收入，共同累积的积蓄，共同建造的房屋，共同所有的生活用品和生活资料，共同享有的债权和共同负担的债务，以及其他共有的财产。

在区分遗产与家庭共有财产时，应掌握几个标准：

(1) 当家庭成员只有夫妻二人时，家庭的全部共有财产就是夫妻共同共有的财产。夫妻一方死亡时，共同财产中的二分之一份额就是死者的遗产。夫妻一方死亡开始继承时，也只能继承这部分遗产，而不能把夫妻共同所有的财产统统作为死者一方的遗产来继承。但在区分遗产与夫妻共有财产时，也应当分清夫妻个人财产与夫妻共有财产的界限。

根据《民法典》及《民法典婚姻家庭编解释（一）》，夫妻在婚姻关系存续期间所得的下列财产，为夫妻的共同财产，归夫妻共同所有：①工资、奖金和劳务报酬；②生产、经营、投资的收益；③知识产权的收益；④继承或者受赠的财产，但是《民法典》第 1063 条第 3 项规定的除外；⑤其他应当归共同所有的财产。夫妻对共同财产，有平等的处理权。

婚姻关系存续期间，下列财产属于“其他应当归共同所有的财产”：①一方以个人财产投资取得的收益；②男女双方实际取得或者应当取得的住房补贴、住房公积金；③男女双方实际取得或者应当取得的基本养老金、破产安置补偿费。

夫妻一方个人财产在婚后产生的收益，除孳息和自然增值外，应认定为夫妻共同财产。由一方婚前承租、婚后用共同财产购买的房屋，登记在一方名下的，应当认定为夫妻共同财产。

下列财产为夫妻一方的个人财产：①一方的婚前财产；②一

方因受到人身损害获得的赔偿或者补偿；③遗嘱或者赠与合同中确定只归一方的财产；④一方专用的生活用品；⑤其他应当归一方的财产。军人的伤亡保险金、伤残补助金、医药生活补助费属于个人财产。

男女双方可以约定婚姻关系存续期间所得的财产以及婚前财产归各自所有、共同所有或者部分各自所有、部分共同所有。约定应当采用书面形式。没有约定或者约定不明确的，适用《民法典》第 1062 条、第 1063 条的规定。

（2）在家庭成员中除夫妻之外还有子女的，在区分遗产与家庭共有财产时应注意：①未成年子女的生活用品，通过创作获得的报酬或奖励物品以及通过接受赠与、遗赠和继承等方式所获得的财产，其所有权应属于未成年子女的，只是暂时由父母代理。当其父母死亡，对其遗产进行分割时，应当将未成年子女的财产同父母的遗产区分开，不能作为父母的遗产来分割。②对于早已参加工作（劳动），并直接参与了家庭共有财产积累的子女，应当肯定他们对家庭共有财产的权利。在父母死亡并确定其遗产范围时，应从共同共有的家庭财产中将直接参与家庭共有财产积累的子女应得的份额划分出来，不能将该部分作为父母的遗产来分割。③把被继承人生前所欠的个人债务同整个家庭所欠的共同债务区分开。以被继承人名义欠下的，纯用于其个人的债务，属于被继承人生前个人债务，应用被继承人遗产中的其他财产权利偿付，但虽以被继承人名义欠下的债务却用于全家的共同需要的，则属于家庭的共同债务，应用家庭共有财产来清偿。

关联参见

《最高人民法院关于周祖德、周祖明等诉周祖华、周祖荣等房屋纠纷案的函》；《最高人民法院关于蒋家正、蒋淑芳与徐文英等人析产继承案的函》；《最高人民法院关于孙世界、孙世明与孙洪武等人房屋继承申诉案的复函》；《最高人民法院关于共有人之一擅自出卖共有房屋无效的批复》；《最高人民法院关于赵汝是被没收发还的财产应如何认定和继承问题的批复》；《最高人民法院关于王棣华等人与王庆贞等人房屋继承案的批复》

第一千一百五十四条　【按法定继承办理】有下列情形之一的，遗产中的有关部分按照法定继承办理：

（一）遗嘱继承人放弃继承或者受遗赠人放弃受遗赠；

（二）遗嘱继承人丧失继承权或者受遗赠人丧失受遗赠权；

（三）遗嘱继承人、受遗赠人先于遗嘱人死亡或者终止；

（四）遗嘱无效部分所涉及的遗产；

（五）遗嘱未处分的遗产。

条文解读

遗嘱继承人丧失继承权或者受遗赠人丧失受遗赠权 ➲ 遗嘱继承人或者受遗赠人实施了《民法典》第1125条规定丧失继承权或者受遗赠权的行为，丧失继承权或者受遗赠权，其后也未得到被继承人的宽恕，则不能接受遗产，应当按照法定继承处理遗产。

遗嘱继承人先于遗嘱人死亡 ➲ 在法定继承情况下，继承人先于被继承人死亡的，可能会发生代位继承。而在遗嘱继承中，不适用代位继承，遗嘱所指定的继承人已死亡，则丧失民事主体资格，无法获得遗嘱继承权，有关遗产按法定继承办理。

第一千一百五十五条　【胎儿预留份】 遗产分割时，应当保留胎儿的继承份额。胎儿娩出时是死体的，保留的份额按照法定继承办理。

条文解读

胎儿应留份 ➲ 涉及遗产继承，接受赠与等胎儿利益保护的，胎儿视为具有民事权利能力。应当为胎儿保留的遗产份额没有保留的，应从继承人所继承的遗产中扣回。为胎儿保留的遗产份额，如胎儿出生后死亡的，由其继承人继承；如胎儿娩出时是死体的，由被继承人的继承人继承。

上述"遗产继承"不仅包括法定继承，也包括遗嘱继承、遗赠。胎儿是法定继承人的，按照法定继承取得相应的遗产份额；有遗嘱的，胎儿按照遗嘱继承取得遗嘱确定的份额。胎儿不是法定继承人的，被继承人也可以立遗嘱将个人财产赠给胎儿，将来按遗赠办理，胎儿取得遗产继承权。

实务应用

38. 对保留的胎儿份额应如何处理？

对胎儿保留份额的处理，依胎儿出生时是死体还是活体而不同：

（1）如果胎儿出生时是活体的，则保留份额为该婴儿所有，可由其母亲代为保管。

（2）如果胎儿出生后不久即死亡，则保留份额为该婴儿所有，但应由该死婴的法定继承人按法定继承处理。

（3）如果胎儿出生时即为死胎，则保留份额由被继承人的继承人再分割。

39. 人工授精子女是否有继承权？

在现代的科技条件下，受孕既包括传统的自然受精，又包括人工授精（母体内受精）与试管婴儿（母体外受精）。人工授精生育子女，法律上称为辅助生殖技术，是指已婚夫妻借用现代生物技术，通过非自然的性行为怀孕所生育的子女，根据授精方法的不同，可分为同质授精所生子女和异质授精所生子女两种。所谓“同质授精”，是采用人工授精方式，将丈夫的精子植入妻子子宫内，“异质授精”是将非丈夫的精子植入妻子子宫内。对“同质授精”所生子女，其法律地位不会产生质疑，但“异质授精”所生子女的法律地位则不免让人产生质疑。

关于人工授精子女的法律地位，可以分为以下三种情况：

（1）精子与卵子来源于夫妻双方，只是采用科学技术辅助使之结合怀孕所生的，该子女与父母双方均有血缘上的联系，是夫妻双方的亲生子女，属于婚生子女。其法律地位适用《民法典》关于父母子女关系的规定。

（2）如果在婚姻关系存续期间，事先经过丈夫同意或事后丈夫明确表示无异议，妻子采用人工授孕技术怀孕，精子不是生育妇女的丈夫提供的，尽管子女与生育母亲的丈夫无血缘联系，但该子女仍应认为属于生育妇女的丈夫的婚生子女，生育妇女的丈夫应视为该子女法律上的父亲，父母子女间权利义务关系，适用《民法典》的有关规定。

（3）在婚姻关系存续期间，如果妻子未经丈夫同意，采用他人精子人工授精生育子女，所生子女与生育妇女丈夫无法律上的父子关系，地位相当于非婚生子女，丈夫不承担抚养义务，其精源提供者也不承担抚养义务。

案例指引

31. 遗腹子成活十天后死亡，是否享有继承权?①

张某、王某于2012年10月结婚，2013年12月底，张某因意外事故死亡，留下一套三室一厅的房屋及十余万元现金。2014年1月，王某因悲伤过度早产一男婴，成活十多天后死亡。2015年3月，王某及张某父母对张某遗产进行分割，对已死男婴是否应得遗产发生分歧，在协商未果的情况下，王某遂以张某父母为被告，要求法院依法对张某财产进行分割，并请求继承已死男婴所得的遗产份额。

法院经审理认为，首先，遗产分割时，应当保留胎儿的继承份额。胎儿娩出时是死体的，保留的份额按照法定继承办理。由于王某所生男婴在出生时并不是死体，而是在出生10天以后才死亡的，所以应该为他保留继承份额。其次，继承开始后，继承人于遗产分割前死亡，并没有放弃继承的，该继承人应当继承的遗产转给其继承人，但是遗嘱另有安排的除外。由于婴儿是在遗产分割前死亡，所以为婴儿保留的继承遗产的权利应该转给他的合法继承人继承。最后，遗产的第一顺序为配偶、子女、父母。此男婴的第一顺序的法定继承人只有其母王某一人，所以，由王某取得婴儿应继承的遗产份额。

关联参见

《民法典继承编解释（一）》第31条

① 参见张琳琳:《遗腹子成活十天后死亡，是否享有继承权?》，载北京法院网 https: //bjgy. bjcourt. gov. cn/article/detail/2016/03/id/1814391. shtml，最后访问日期: 2023年2月23日。

第一千一百五十六条　【遗产分割】 遗产分割应当有利于生产和生活需要，不损害遗产的效用。

不宜分割的遗产，可以采取折价、适当补偿或者共有等方法处理。

条文解读

遗产分割 ➲ 遗产分割，是指继承开始后，依据法律或者按照遗嘱在各继承人之间进行遗产分配的民事法律行为。只有在遗产分割后，各个继承人才能对所分配的遗产享有实际的占有、使用、收益和处分的权利。

遗产分割时应当遵循发挥遗产效用的原则，体现物尽其用、财尽其值的要求，使遗产作为一种社会资源尽可能释放出经济效用，促进生产，方便生活。《民法典继承编解释（一）》第42条规定："人民法院在分割遗产中的房屋、生产资料和特定职业所需要的财产时，应当依据有利于发挥其使用效益和继承人的实际需要，兼顾各继承人的利益进行处理。"

实务应用

40. 遗产分割可以采取哪些方式？

本条第2款规定："不宜分割的遗产，可以采取折价、适当补偿或者共有等方法处理。"据此，遗产分割的方式主要有以下几种：

（1）实物分割。遗产分割在不违反分割原则的情况下，可以采取实物分割的方式。适用实物分割的遗产，可以是可分物也可以是不可分物。对可分物，可以作总体的实物分割。如对粮食，可划分出每个继承人应继承的数量。但对不可分物，则不能作总体的分割，只能作个体的分割，如电视机、冰箱等。对不可分物不能作实物分割的，应当采取折价补偿的办法。

（2）变价分割。对不宜分割的实物遗产，可以将其变卖，换取价金，再由各继承人按照自己应得的遗产份额的比例，对价金进行分割，各自取得与应得遗产份额相对应的价金。

（3）补偿分割。对不宜分割的遗产，如果继承人中有人愿意取得该遗产，则由该继承人取得该遗产的所有权。取得遗产所有权的继承人按照其他继承人应继份的比例，分别补偿给其他继承人相应的价金。

（4）保留共有的分割。遗产不宜实物分割，继承人又都愿意取得遗产，或继承人愿意继续保持遗产共有状况的，则可将其作为共同所有的财产，由各继承人按各自应得的遗产份额，确定对该项财产所应享有的权利与应分担的义务。

41. 如何制作遗产分割协议？

遗产分割协议，是指依法应当继承遗产的继承人以及有关当事人之间，就遗产分配问题协商一致而达成的书面协议。当对遗产分配问题达成一致意见时，就应用书面形式确定下来，以免日后发生争执。

遗产分割协议，一般应包括下列内容：

（1）各继承人和有关人员（如未成年继承人的监护人）的姓名、性别、出生年月日、住址和职业以及与被继承人的亲属关系等。

（2）遗产人（被继承人）的姓名、性别、出生时间、死亡时间和地点等。

（3）被分割遗产的名称、数量、地点等。

（4）具体分割方案。这部分应写详细、明确，不能模棱两可。

（5）如果遗产人生前负有债务，应在协议中写明各继承人应承担的债务份额和偿还方式等。

（6）遗产分割后的交付方式、具体时间及违约责任等。

（7）在继承人当中，如果有放弃继承权或拒受遗赠或已死亡等特殊情况的，也应该写清楚。

（8）其他有关事项。

（9）最后最好要注明“本协议经公证证明后生效”的字样，并注明“本协议一式×份，协议人各执一份，公证处存一份”。

（10）协议的各方当事人亲笔签名或盖章或按指模，并注明订协议日期。

关联参见

《民法典继承编解释（一）》第42条；《最高人民法院关于金瑞仙与黄宗廉等房产纠纷一案的批复》

第一千一百五十七条　【再婚时对所继承遗产的处分】

夫妻一方死亡后另一方再婚的，有权处分所继承的财产，任何组织或者个人不得干涉。

条文解读

再婚时对所继承遗产的处分 ➲ 夫妻有相互继承遗产的权利。夫妻一方死亡，在对死者的遗产进行分割后，另一方对于其依法继承的财产享有所有权。其作为该财产的所有权人当然有权处分财产，任何人不得干涉。

实务应用

42. 夫死妻再嫁，可否带走所继承遗产？

我国《民法典》第 1061 条规定，夫妻有相互继承遗产的权利。《民法典》第 1127 条把配偶列为第一顺序继承人。因此，夫妻一方去世，生存的一方获得夫妻共同财产的一半，剩下的一半即去世一方的遗产由配偶、子女、父母按份继承。按照本条规定，夫死妻再嫁或妻死夫再娶，都有权处分自己所继承的遗产，包括合法带走自己从死亡配偶方合法继承的财产。其他继承人以继承了死亡配偶的遗产为由，干涉生存方的婚姻自由权或者以退出继承的财产为条件要挟生存方不得再嫁或再娶，都是违反《民法典》的行为，应依法予以批评、教育、制止。情节严重而触犯刑法的，应受刑法处罚。

第一千一百五十八条　【遗赠扶养协议】 自然人可以与继承人以外的组织或者个人签订遗赠扶养协议。按照协议，该组织或者个人承担该自然人生养死葬的义务，享有受遗赠的权利。

条文解读

遗赠扶养协议 ➲ 遗赠扶养协议就是自然人（遗赠人、受扶养人）与继承人以外的组织或者个人（扶养人）签订的，由扶养人负责受扶养人的生养死葬，并享有受遗赠权利的协议。

首先，遗赠扶养协议是一种协议。协议是一种双方法律行为，因此，需要双方当事人意思表示达成一致方能成立。这是遗赠扶养协议与遗赠、遗嘱的本质区别。遗赠、遗嘱都是单方法律行为，遗赠人、遗嘱人单方作出意思表示即可。遗赠扶养协议作为双方法律行为，一旦成立生效，对双方当事人都有法律约束力，双方必须严格遵守，否则将构成违约。遗赠扶养协议的双方当事人一方是受扶养人，另一方是扶养人。

其次，遗赠扶养协议是双务有偿法律行为。不仅扶养人有扶养另一方的义务，受扶养人也需要按照约定将自己的遗产赠与对方。遗赠扶养协议是有偿的，双方都需要向对方支付对价。扶养人支付对价的方式就是负责受扶养人的生养死葬，受扶养人就是通过死后将遗产赠与扶养人的方式支付对价。

最后，遗赠扶养协议为要式法律行为。遗赠扶养协议需要以书面方式作出。因为双方达成遗赠扶养协议后，协议的履行期限往往较长，且扶养人在受扶养人死亡后才能取得遗产，如果没有书面协议，受扶养人死亡后，将死无对证，无法确认双方是否存在真实的遗赠扶养关系。

根据《民法典继承编解释（一）》规定，继承人以外的组织或者个人与自然人签订遗赠扶养协议后，无正当理由不履行，导致协议解除的，不能享有受遗赠的权利，其支付的供养费用一般不予补偿；遗赠人无正当理由不履行，导致协议解除的，则应当偿还继承人以外的组织或者个人已支付的供养费用。

实务应用

43. 如何确定遗嘱与遗赠扶养协议的效力优先顺序？

当被继承人生前与他人订有遗赠扶养协议，同时又立有遗嘱的，遗赠扶养协议的效力优于遗嘱。当二者内容没有冲突的地方时，分别按遗赠扶养协议和遗嘱处理。当二者内容有相抵触的地方时，应当以遗赠扶养协议的内容为准，与遗赠扶养协议相抵触的遗嘱全部无效或部分无效。

44. 遗赠扶养协议双方当事人的主要权利义务是什么？

扶养人的主要权利义务是：（1）必须具有扶养的能力，妥善地照顾好被扶养人的生活，不得有虐待、歧视等不利于被扶养人的行为。如被扶养人患病，还应给予护理照料。（2）不能随意中断对被扶养人的扶养、照顾行为。如其无正当理由不履行协议规定的义务，导致协议解除的，其已支付的扶养费用，一般不予补偿。（3）如因故需要解除协议时，必须事先征得被扶养人的同意，并安排好被扶养人短期的生活。（4）如被扶养人死亡，应料理善后。（5）在被扶养人死亡后，依照协议约定合法地接受遗产。被扶养人的主要权利义务是：（1）应遵守协议，不得违背协议将遗赠的财产作不利于扶养人的处分。（2）不得私自变更或撤销遗赠扶养协议，当其主动向扶养人提出解除遗赠扶养协议时，应根据扶养人所尽义务的情况，给予适当的经济补偿。（3）得到扶养人妥善的护理照顾。

45. 遗赠扶养协议如何进行公证？

遗赠扶养协议公证，双方当事人应亲自到遗赠人或扶养人住所地公证处提出申请。遗赠人因年老、疾病等原因不能亲自到公证处的，公证员可到其住所办理。

办理遗赠扶养协议公证，当事人应准备以下材料：

（1）当事人（遗赠人、扶养人）的身份证明（扶养人是公民的，应提交身份证、户口本等；扶养人是集体所有制组织的，应提交法人资格证明、法定代表人身份证明，代理人应提交授权委托书及身份证明)。

(2) 被扶养人所在单位人事部门出具的其家庭成员情况证明及与扶养人相互关系的证明。被扶养人无工作单位的，以上证明可由其住所地街道办事处或乡镇人民政府出具。

(3) 扶养人所在单位人事部门出具的扶养人家庭成员、经济状况的证明及与被扶养人相互关系的证明。

(4) 遗赠财产的所有权凭证（如房屋产权证、存款单据、有价证券等）及财产清单。

(5) 遗赠扶养协议草本。

案例指引

32. 抚恤金能否作为财产遗赠?①

杨某某与余某某系夫妻关系。马某某系余某某的侄孙。2006年4月，余某某与杨某某共同登记取得了一套商品房的所有权，余某某与杨某某在该房屋内居住。2014年7月，马某某将余某某接至其原籍居住。之后，马某某拟写了《遗赠扶养协议》，双方共同到公证处办理了《遗赠扶养协议》公证手续。该《遗赠扶养协议》约定，由马某某负责余某某的生养死葬，余某某将下列财产赠与马某某：1. 房产的一半所有权；2. 属于遗赠人的所有现金、存款及工资收入；3. 国家补发的丧葬费；4. 医药费按医疗保险结算的剩余部分；5. 代为办理去世后的死亡证明及户籍注销及国家按规定补发的其他款项。协议签订后，马某某尽心扶养余某某，帮助其安度晚年。2016年2月，余某某死亡，马某某对其进行了安葬。

① 参见郑东梅：《老有所依，遗赠扶养协议知多少》，载北京法院网 https://bjgy.bjcourt.gov.cn/article/detail/2019/09/id/4493254.shtml，最后访问日期：2023年2月23日。

余某某去世后，在其生前单位可领取一次性抚恤金 3 万余元、办丧补贴 1000 元、安葬费 2000 元。除杨某某外，余某某无其他第一顺序法定继承人。后马某某与杨某某因抚恤金等费用领取问题发生争议，诉至法院。马某某要求继承抚恤金安葬费等费用。

法院审理认为该《遗赠扶养协议》在公证处办理了公证手续，公证办理时全程进行录音录像，从录像中反映余某某当时神志清醒、智力正常、思路清晰、表达意思明确、未受到引诱胁迫等，马某某与余某某签订的《遗赠扶养协议》是双方真实意思的表示，不违反法律、法规的强制性规定，也不损害他人合法权益，合法有效。案涉《遗赠扶养协议》中约定，马某某应对余某某尽生养、病医、死葬的义务，余某某去世后，将属于自己份额的房产赠与马某某，并将其所有的现金、存款、工资收入、国家补发的丧葬费、医保结算剩余部分和按规定补发的其他款项也一并赠与马某某。马某某按照《遗赠扶养协议》约定履行了自己的义务，享有受遗赠的权利。抚恤金是国家在死者死亡后，发给死者家属的费用，是为了优抚、救济死者家属，抚恤金不是遗产，享受抚恤金的人必须符合两个条件：一是死者的直系亲属；二是这些亲属主要依靠死者生前扶养。马某某不符合相关条件，故抚恤金不属于余某某遗赠的范围，马某某要求享有抚恤金的主张，于法无据，法院不予支持。

关联参见

《民法典继承编解释（一）》第 40 条；《遗赠扶养协议公证细则》

第一千一百五十九条　【遗产分割时的义务】分割遗产，应当清偿被继承人依法应当缴纳的税款和债务；但是，应当为缺乏劳动能力又没有生活来源的继承人保留必要的遗产。

条文解读

清偿被继承人依法应当缴纳的税款和债务 遗产在分割之前，应当先清偿债务。遗产债务清偿的顺序是：

1. 遗产管理费。虽然本条没有规定遗产管理费具有最优先的地位，但这是肯定的。

2. 缴纳所欠税款。被继承人生前所欠税款，应当在清偿生前所欠债务之后，予以扣除。

3. 被继承人生前所欠债务。被继承人的遗产源于被继承人生前所从事的各类法律行为。履行债务则是获得债权的代价，即债务是债权的基础。

保留必要的遗产 保留必要遗产具有优先于税款和债务的效力，注意以下两点：

1. 需要保留的前提是遗产可能不足以清偿债务和缴纳税款。如果遗产较多，清缴税款和偿还债务后仍绰绰有余，则没有必要专门予以保留。

2. 保留遗产指向的对象是缺乏劳动能力又没有生活来源的继承人。作出保留必须同时满足四个条件：（1）获得保留遗产的人必须是继承人。（2）继承人缺乏劳动能力。缺乏劳动能力可能是因为年龄尚小而无劳动能力，也可能是因年龄太大或者因病残而丧失劳动能力。没有劳动能力是客观上的无法劳动，而不是继承人主观上不愿意就业造成的。（3）继承人没有生活来源。即继承人无法通过自身劳动获取收入养活自己，或者没有其他经济收入用以维持生计。（4）保留的是必要的遗产。是指维持其正常生活所需的必要的遗产，而不是全部遗产或者要确保其过超出一般人正常生活的遗产。

案例指引

33. 分割遗产清偿债务时，是否要为未成年人保留必要的遗产？①

2018年，张某以个人名义与某银行签订金融借款合同，借款55万元，用其名下个人房产提供抵押担保并办理了抵押登记。2020年7月，该银行因张某未按期清偿借款将其起诉至法院。案件受理后，法庭查明张某已于2019年因病去世，但未注销户籍。该银行与法庭沟通后，变更张某继承人张某某（系张某与伏某婚生女儿，8岁）、伏某（系张某妻子）、沈某（系张某母亲）为被告，要求在抵押房产内享有优先受偿权，张某某、伏某、沈某在继承的其他财产范围内承担责任。庭审前，沈某表示放弃对张某遗产的继承。庭审中伏某认可抵押房屋系张某婚前个人财产，但一直由其和女儿张某某居住使用。伏某主张被继承人所借款项并没有用于夫妻共同生活，被继承人女儿张某某尚未成年。

案件审理过程中，从保护未成年人权益角度考虑，避免被继承人女儿陷入被继承人债务纠纷引起的反复诉讼与执行程序，承办法官主动依职权核查被继承人遗产。在穷尽网络查控和现场调证等手段后，查询到被继承人在九家银行账户的总余额很少，可

① 参见《某银行与张某某等被继承人债务清偿纠纷案》，载天津法院网 https://tjfy.tjcourt.gov.cn/article/detail/2021/06/id/6071690.shtml，最后访问日期：2023年2月23日。

继承的遗产主要为已被抵押的涉诉房屋。

法院经审理认为，张某与该银行签订的金融借款合同是双方当事人的真实意思表示，内容未违反法律、法规规定，应为有效。现张某已经死亡，其母亲沈某自愿放弃继承，故其对银行的债务应由其继承人伏某、张某某在继承遗产范围内清偿。银行在设定的抵押担保范围内对该房屋享有优先受偿权，但鉴于张某某系未成年人，且张某仅留有该房屋这一主要遗产，从保护未成年人权益角度考虑，酌情在张某的遗产中优先为张某某留存自张某死亡至张某某成年期间十二年又七个月的必要生活费用，剩余遗产再行清偿张某的债务。

双方收到判决后，该银行不服提起上诉，二审维持原判。

第一千一百六十条　【无人继承的遗产的处理】 无人继承又无人受遗赠的遗产，归国家所有，用于公益事业；死者生前是集体所有制组织成员的，归所在集体所有制组织所有。

条文解读

无人继承又无人受遗赠的遗产 ➲ 无人继承又无人受遗赠的遗产是指公民死后没有法定继承人，又没有遗嘱，或者全部继承人都放弃或丧失继承权时的财产，以及被继承人没有法定继承人，只用遗嘱处分了一部分遗产，其余未加处分的那一部分遗产。

对于无人继承又无人受遗赠的遗产，首先应当用来支付死者必要的殡葬费用，清偿死者生前欠下的债务。余下的遗产，根据本条的规定，如果死者生前是集体所有制组织成员的，则归他生前所在的集体所有制组织所有；除上述情形外，归国家所有，国家用于公益事业。

遗产因无人继承又无人受遗赠归国家或者集体所有制组织所有时，按照本法第1131条规定可以分给适当遗产的人提出取得遗产的诉讼请求，人民法院应当视情况适当分给遗产。

实务应用

46. 如何处理无人继承又无人受遗赠的遗产？

首先应由公民、法人或其他组织向遗产所在地基层人民法院提出申请，提交书面申请书，并在申请书上写明遗产的种类、数量以及要求认定为无人继承又无人受遗赠的理由和事实根据。其次，人民法院受理后，应当公告，公告期为1年，公告期满1年后无人要求继承或受遗赠的，才可裁判认定该项遗产归国家或集体组织所有。

关联参见

《民法典继承编解释（一）》第41条

第一千一百六十一条　【限定继承】继承人以所得遗产实际价值为限清偿被继承人依法应当缴纳的税款和债务。超过遗产实际价值部分，继承人自愿偿还的不在此限。

继承人放弃继承的，对被继承人依法应当缴纳的税款和债务可以不负清偿责任。

条文解读

继承人对遗产债务的清偿责任 ➜ 根据本条规定，我国的继承原则上属于限定继承，继承人对被继承人的遗产债务不负无限清偿责任，而仅以所继承遗产的实际价值为限负清偿责任。如果继承人放弃了继承，就无须对被继承人的债务承担偿还责任。但本条也作了例外规定，即对超过遗产实际价值部分的债务，继承人自愿偿还的不在此限。

案例指引

34. 继承遗产的人是否应当继续履行被继承人的生前债务？[①]

2016年初，张老先生通过中介公司将自己名下的一套房屋挂牌待售。王姓夫妇遂通过中介联系到张老先生看房。之后，在中介公司的促成下，王姓夫妇和张老先生签订了《房地产买卖居间协议》，并对房屋总价、房款支付时间、交房过户日期等细节作了约定，王姓夫妇也按时支付了定金。其后数天，张老先生与王姓夫妇又在中介安排下签订了网签版本的《上海市房地产买卖合同》，王姓夫妇按照合同约定支付了首付款138万元，因临近春节，王姓夫妇还需要申请贷款支付尾款，故双方经商议决定在2016年春节后的一天办理过户手续并支付尾款。孰料，就在2016年春节前，张老先生突发疾病去世。由于张老先生的父母、妻子早已过世，张老先生此前也没有立下遗嘱，其儿子张先生便成了他的法定继承人。春节过后，张先生联系王姓夫妇并告知他们：因父亲张老先生过世，现在房屋产权已经由自己继承所有，所以他拒绝继续出售系争房屋。王姓夫妇得知情况后，只得向法院起

---

① 参见李晓蕾：《签完卖房协议房主突然离世 继承人不愿履约 法院：继承遗产应当继续履行被继承人生前债务》，载上海法院网 http：//shfy. chinacourt. gov. cn/article/detail/2017/12/id/3100293. shtml，最后访问日期：2023年2月23日。

诉，要求判决张先生继续履行原买卖合同，配合其办理房屋过户和交付手续。

上海市松江区法院审理后认为，尽管法律未对债务的外延作出明确的约定，但是根据民法原理，债的产生一般包括：合同、侵权、无因管理、不当得利。而债务当然不仅仅指金钱债务，也包括非金钱债务。因此张先生作为张老先生的第一顺位法定继承人未放弃对遗产的继承，也应当继续履行被继承人张老先生生前的债务，当然包括合同项下的义务，因此张老先生的继承人即张先生必须继续履行原房地产买卖合同、将房屋交付给王姓夫妇并配合办理过户。王姓夫妇也必须按照合同约定支付房屋尾款以及承担相应的税费。

35. 放弃继承，对被继承人债务可以不负清偿责任吗？[①]

老人欧某的女儿云某与万某是夫妻关系，二人共有一套房屋。云某于 2018 年病逝，但未留有遗嘱。云某之债权人骆某提起被继承人债务清偿纠纷，要求欧某与万某在继承遗产范围内清偿债务。骆某称云某与万某 2017 年向其借款 280 万元，以共有的房屋设定抵押担保，提交有云某与万某签字的《借款协议》《担保合同》等予以证明。后经鉴定，《借款协议》《担保合同》及借款收条中的签字与万某的签名并非一人所书写，公安局出入境管理局出具的《出入境记录》显示签订借款协议及担保合同期间，万某并未在国内。另查，该房屋于 2013 年设有最高额抵押，抵押权人为中国银行，被担保主债权数额为 251 万元。

由于不能证明万某对该借款过程知情且该笔款项用于家庭共

① 参见李宝霞：《失独老人如何行使继承权？》，载北京法院网 https：//bjgy. bjcourt. gov. cn/article/detail/2021/03/id/5854888. shtml，最后访问日期：2023 年 2 月 23 日。

同花销，因而借款协议及担保合同对万某没有约束力，且由于万某放弃继承，所以一审法院判决由欧某在继承云某遗产范围内向骆某清偿债务。二审审理过程中，欧某表示由于岁数较大，亦放弃继承。二审法院认为在欧某放弃继承的情况下，骆某仅能主张房屋的百分之五十份额在其债权限额内按抵押登记顺序优先受偿。

第一千一百六十二条　【遗赠与遗产债务清偿】 执行遗赠不得妨碍清偿遗赠人依法应当缴纳的税款和债务。

条文解读

遗赠与遗产债务清偿 ➲ 遗赠是遗赠人无偿赠与受遗赠人遗产的行为，虽然遗产属于遗赠人的个人财产，其有权处分，但这种无偿处分行为不应损害债权人的利益。因此，遗赠人的债权人依法应当缴纳的税款和债权的请求权优于受遗赠人的受遗赠权，受遗赠人不能与税务部门和受遗赠人的债权人平等地分配遗产。

第一千一百六十三条　【既有法定继承又有遗嘱继承、遗赠时的债务清偿】 既有法定继承又有遗嘱继承、遗赠的，由法定继承人清偿被继承人依法应当缴纳的税款和债务；超过法定继承遗产实际价值部分，由遗嘱继承人和受遗赠人按比例以所得遗产清偿。

条文解读

既有法定继承又有遗嘱继承、遗赠时的债务清偿 ➲ 法定继承、遗嘱继承和遗赠同时存在时，按以下规则清偿遗产债务：

1. 先由法定继承人清偿被继承人依法应当缴纳的税款和债务。这是因为，遗嘱继承和遗赠的效力优先于法定继承。

2. 由法定继承人继承的遗产部分清偿税款和债务仍有不足的，再由遗嘱继承人和受遗赠人按比例以所得遗产予以清偿。这个比例，是遗嘱继承人和受遗赠人各自所得遗产的比例。

无论是法定继承还是遗嘱继承、遗赠，对超过其所得遗产部分，不承担清偿责任。

案例指引

36. 遗产债务清偿的主体和范围如何确定？[①]

李甲之母徐某生前经营酒家，共养育四儿四女，均已分家另过。2013 年 11 月徐某设立遗嘱，将酒家的财产及债权遗留给李甲。2014 年 11 月徐某死亡。徐某的遗嘱中未涉及的遗产即楼房经众子女协商，由徐某的女儿李乙以法定继承人的身份继承，其他子女自愿放弃继承权。

2017 年 4 月，刘某某以请求李甲偿还徐某经营酒家期间先后从其处赊购海鲜等的欠款为由，向法院提起诉讼，请求李甲偿还欠款。

一审法院在继承案件审结后恢复审理并判决该欠款由李甲偿还。二审法院认为，酒家的房屋和经营权以及债权均由李甲继承，该债务自亦应由李甲负责清偿。再审法院认为，基于本案遗产已被分割，依规定，该债务应首先由法定继承人李乙偿还，不足部分才由遗嘱继承人李甲偿还。

---

① 参见《一案一说丨遗产处理纠纷，法院这样裁判》，载人民政协网 http：//www.rmzxb.com.cn/c/2021-04-25/2839381.shtml，最后访问日期：2023 年 2 月 23 日。

法律法规新解读系列

关联法规

民法典继承编
解读与应用

最高人民法院关于适用《中华人民共和国民法典》继承编的解释（一）

· 2020 年 12 月 25 日最高人民法院审判委员会第 1825 次会议通过

· 2020 年 12 月 29 日最高人民法院公告公布

· 自 2021 年 1 月 1 日起施行

· 法释〔2020〕23 号

为正确审理继承纠纷案件，根据《中华人民共和国民法典》等相关法律规定，结合审判实践，制定本解释。

一、一般规定

第一条 继承从被继承人生理死亡或者被宣告死亡时开始。

宣告死亡的，根据民法典第四十八条规定确定的死亡日期，为继承开始的时间。

第二条 承包人死亡时尚未取得承包收益的，可以将死者生前对承包所投入的资金和所付出的劳动及其增值和孳息，由发包单位或者接续承包合同的人合理折价、补偿。其价额作为遗产。

第三条 被继承人生前与他人订有遗赠扶养协议，同时又立有遗嘱的，继承开始后，如果遗赠扶养协议与遗嘱没有抵触，遗产分别按协议和遗嘱处理；如果有抵触，按协议处理，与协议抵触的遗嘱全部或者部分无效。

第四条 遗嘱继承人依遗嘱取得遗产后，仍有权依照民法典第一千一百三十条的规定取得遗嘱未处分的遗产。

第五条 在遗产继承中，继承人之间因是否丧失继承权发生纠纷，向人民法院提起诉讼的，由人民法院依据民法典第一千一百二十五条的规定，判决确认其是否丧失继承权。

第六条 继承人是否符合民法典第一千一百二十五条第一款第三项规定的“虐待被继承人情节严重”，可以从实施虐待行为的时间、手段、后果和社会影响等方面认定。

虐待被继承人情节严重的，不论是否追究刑事责任，均可确认其丧失继承权。

第七条 继承人故意杀害被继承人的，不论是既遂还是未遂，均应当确认其丧失继承权。

第八条 继承人有民法典第一千一百二十五条第一款第一项或者第二项所列之行为，而被继承人以遗嘱将遗产指定由该继承人继承的，可以确认遗嘱无效，并确认该继承人丧失继承权。

第九条 继承人伪造、篡改、隐匿或者销毁遗嘱，侵害了缺乏劳动能力又无生活来源的继承人的利益，并造成其生活困难的，应当认定为民法典第一千一百二十五条第一款第四项规定的“情节严重”。

二、法定继承

第十条 被收养人对养父母尽了赡养义务，同时又对生父母扶养较多的，除可以依照民法典第一千一百二十七条的规定继承养父母的遗产外，还可以依照民法典第一千一百三十一条的规定分得生父母适当的遗产。

第十一条 继子女继承了继父母遗产的，不影响其继承生父母的遗产。

继父母继承了继子女遗产的，不影响其继承生子女的遗产。

第十二条 养子女与生子女之间、养子女与养子女之间，系养兄弟姐妹，可以互为第二顺序继承人。

被收养人与其亲兄弟姐妹之间的权利义务关系，因收养关系的成立而消除，不能互为第二顺序继承人。

第十三条 继兄弟姐妹之间的继承权，因继兄弟姐妹之间的扶养关系而发生。没有扶养关系的，不能互为第二顺序继承人。

继兄弟姐妹之间相互继承了遗产的，不影响其继承亲兄弟姐妹的遗产。

第十四条 被继承人的孙子女、外孙子女、曾孙子女、外曾孙子女都可以代位继承，代位继承人不受辈数的限制。

第十五条 被继承人的养子女、已形成扶养关系的继子女的生子女可以代位继承；被继承人亲生子女的养子女可以代位继承；被继承人养子女的养子女可以代位继承；与被继承人已形成扶养关系的继子女的养子女也可以代位继承。

第十六条 代位继承人缺乏劳动能力又没有生活来源，或者对被继承人尽过主要赡养义务的，分配遗产时，可以多分。

第十七条 继承人丧失继承权的，其晚辈直系血亲不得代位继承。如该代位继承人缺乏劳动能力又没有生活来源，或者对被继承人尽赡养义务较多的，可以适当分给遗产。

第十八条 丧偶儿媳对公婆、丧偶女婿对岳父母，无论其是否再婚，依照民法典第一千一百二十九条规定作为第一顺序继承人时，不影响其子女代位继承。

第十九条 对被继承人生活提供了主要经济来源，或者在劳务等方面给予了主要扶助的，应当认定其尽了主要赡养义务或主要扶养义务。

第二十条　依照民法典第一千一百三十一条规定可以分给适当遗产的人，分给他们遗产时，按具体情况可以多于或者少于继承人。

第二十一条　依照民法典第一千一百三十一条规定可以分给适当遗产的人，在其依法取得被继承人遗产的权利受到侵犯时，本人有权以独立的诉讼主体资格向人民法院提起诉讼。

第二十二条　继承人有扶养能力和扶养条件，愿意尽扶养义务，但被继承人因有固定收入和劳动能力，明确表示不要求其扶养的，分配遗产时，一般不应因此而影响其继承份额。

第二十三条　有扶养能力和扶养条件的继承人虽然与被继承人共同生活，但对需要扶养的被继承人不尽扶养义务，分配遗产时，可以少分或者不分。

三、遗嘱继承和遗赠

第二十四条　继承人、受遗赠人的债权人、债务人，共同经营的合伙人，也应当视为与继承人、受遗赠人有利害关系，不能作为遗嘱的见证人。

第二十五条　遗嘱人未保留缺乏劳动能力又没有生活来源的继承人的遗产份额，遗产处理时，应当为该继承人留下必要的遗产，所剩余的部分，才可参照遗嘱确定的分配原则处理。

继承人是否缺乏劳动能力又没有生活来源，应当按遗嘱生效时该继承人的具体情况确定。

第二十六条　遗嘱人以遗嘱处分了国家、集体或者他人财产的，应当认定该部分遗嘱无效。

第二十七条　自然人在遗书中涉及死后个人财产处分的内容，确为死者的真实意思表示，有本人签名并注明了年、月、日，又无相反证据的，可以按自书遗嘱对待。

第二十八条　遗嘱人立遗嘱时必须具有完全民事行为能力。无民事行为能力人或者限制民事行为能力人所立的遗嘱，即使其本人后来具有完全民事行为能力，仍属无效遗嘱。遗嘱人立遗嘱时具有完全民事行为能力，后来成为无民事行为能力人或者限制民事行为能力人的，不影响遗嘱的效力。

第二十九条　附义务的遗嘱继承或者遗赠，如义务能够履行，而继承人、受遗赠人无正当理由不履行，经受益人或者其他继承人请求，人民法院可以取消其接受附义务部分遗产的权利，由提出请求的继承人或者受益人负责按遗嘱人的意愿履行义务，接受遗产。

四、遗产的处理

第三十条　人民法院在审理继承案件时，如果知道有继承人而无法通知的，分割遗产时，要保留其应继承的遗产，并确定该遗产的保管人或者保管单位。

第三十一条　应当为胎儿保留的遗产份额没有保留的，应从继承人所继承的遗产中扣回。

为胎儿保留的遗产份额，如胎儿出生后死亡的，由其继承人继承；如胎儿娩出时是死体的，由被继承人的继承人继承。

第三十二条　继承人因放弃继承权，致其不能履行法定义务的，放弃继承权的行为无效。

第三十三条　继承人放弃继承应当以书面形式向遗产管理人

或者其他继承人表示。

第三十四条　在诉讼中，继承人向人民法院以口头方式表示放弃继承的，要制作笔录，由放弃继承的人签名。

第三十五条　继承人放弃继承的意思表示，应当在继承开始后、遗产分割前作出。遗产分割后表示放弃的不再是继承权，而是所有权。

第三十六条　遗产处理前或者在诉讼进行中，继承人对放弃继承反悔的，由人民法院根据其提出的具体理由，决定是否承认。遗产处理后，继承人对放弃继承反悔的，不予承认。

第三十七条　放弃继承的效力，追溯到继承开始的时间。

第三十八条　继承开始后，受遗赠人表示接受遗赠，并于遗产分割前死亡的，其接受遗赠的权利转移给他的继承人。

第三十九条　由国家或者集体组织供给生活费用的烈属和享受社会救济的自然人，其遗产仍应准许合法继承人继承。

第四十条　继承人以外的组织或者个人与自然人签订遗赠扶养协议后，无正当理由不履行，导致协议解除的，不能享有受遗赠的权利，其支付的供养费用一般不予补偿；遗赠人无正当理由不履行，导致协议解除的，则应当偿还继承人以外的组织或者个人已支付的供养费用。

第四十一条　遗产因无人继承又无人受遗赠归国家或者集体所有制组织所有时，按照民法典第一千一百三十一条规定可以分给适当遗产的人提出取得遗产的诉讼请求，人民法院应当视情况适当分给遗产。

第四十二条　人民法院在分割遗产中的房屋、生产资料和特定职业所需要的财产时，应当依据有利于发挥其使用效益和继承人的实际需要，兼顾各继承人的利益进行处理。

第四十三条 人民法院对故意隐匿、侵吞或者争抢遗产的继承人，可以酌情减少其应继承的遗产。

第四十四条 继承诉讼开始后，如继承人、受遗赠人中有既不愿参加诉讼，又不表示放弃实体权利的，应当追加为共同原告；继承人已书面表示放弃继承、受遗赠人在知道受遗赠后六十日内表示放弃受遗赠或者到期没有表示的，不再列为当事人。

五、附　则

第四十五条 本解释自 2021 年 1 月 1 日起施行。

最高人民法院关于在台湾的合法继承人其继承权应否受到保护问题的批复

· 1984 年 7 月 30 日

· 〔84〕民他字第 8 号

北京市高级人民法院：

你院一九八四年四月二十四日关于袁惠等四人诉袁行健继承一案的请示收悉。我们意见：

一、袁行濂及袁行广的五个子女均属合法继承人，他们虽然均在台湾，其合法继承权仍应受到保护。根据党和国家的对台政策，从祖国统一大业的需要出发，在审理上应予以方便。

二、袁行濂既与原、被告均有信件来往，并明确提出继承房产的意见，法院可以通过原、被告代为传递诉讼文书。对袁行广的五个子女如能通过袁行濂得知他们下落，亦应照此办理。

三、袁行广的五个子女，如经努力查询，仍然联系不上，可以保留他们的应继承份额，请房管部门代管。

四、本案按请示所述情况，不宜中止审理，亦不宜动员原告撤诉。

最高人民法院关于产权从未变更过的祖遗房下掘获祖辈所埋的白银归谁所有问题的批复

· 1987 年 2 月 21 日

· 〔1986〕民他字第 38 号

云南省高级人民法院：

你院《关于唐绍清等人诉唐学周白银纠纷案请示报告》收悉。

被告唐学周于 1985 年 3 月 15 日翻建自有房屋时，在墙脚掘获刻有乾隆字样的白银二十九公斤四公两。该房系唐氏家庭之祖遗产，历经数代均由唐姓家族人居住，从未变更过产权。族人皆知房下埋有白银，解放前曾两次掘获。因年代久远，白银究系唐姓家族中何人所埋不能证实。原告唐绍清等以此白银系高祖母遗产为由，起诉要求继承。被告唐学周辩称白银为其父临终前告知所埋，不同意原告唐绍清等继承。

根据以上事实，我们研究认为，被告唐学周在祖遗房下所掘获的白银，应认定唐姓家族人所埋，视为原、被告等人的共有财产，由共有人合理分割，不宜作遗产处理。

最高人民法院关于高原生活补助费能否作为夫妻共同财产继承的批复

· 1983 年 9 月 3 日

· （83）民他字第 22 号

青海省高级人民法院：

你院 6 月 16 日（83）青法研字第 36 号《关于退休费能否作为家庭共同财产来继承的请示报告》收阅。经研究，原则上同意你院意见。即肖桂兰的住房补助费应为夫妻双方共有，属于其夫赵泰部分，可由其合法继承人继承，高原生活补助费不属共同财产，应归肖个人所有。

此复

最高人民法院民事审判庭关于招远县陆许氏遗产应由谁继承的电话答复

· 1985 年 10 月 28 日

· （85）民他字第 24 号

山东省高级人民法院民事审判庭：

你院（85）鲁法民字第 25 号《关于招远县陆许氏遗产应由谁继承一案的请示报告》及补充意见均收悉。根据报告查明的情况，经我们研究认为，原则上以承认陆许氏为“五保户”比较合适，其遗产应按最高人民法院《关于贯彻执行民事政策法律若干问题的意见》第47条有关规定处理。入社前，被继承人依靠女儿陆玉芳生活，入社后一个月病故尽管遗产分割多年，陆玉芳要求继承是有道理的。我们的意见：一、承认陆玉芳有继承权；二、原房已卖掉，现只能将陆家村所售房屋价款作为遗产归陆玉芳继承；三、陆家村为陆许氏所花丧葬费和医药费，从卖房款中扣除。并请作好双方当事人的调解工作。此意见系根据本案的特殊情况提出来的变通处理办法，请参照此意见，妥善处理。

最高人民法院关于土改后不久被收养的子女能否参加分割土改前的祖遗房产的批复

· 1986年2月13日

· 〔1986〕民他字第6号

河南省高级人民法院：

你院（1985）豫法民字第5号《关于经土改确权的祖业房产能否按参加土改的人口分析以确定遗产范围的请示报告》收悉。

据你院报告称，被继承人马希良家有十六间祖遗房屋，土改时由其母马韩氏、马希良夫妇及其次女、三女（长女土改前已出嫁）五口人填登了土地房产证。1953年马希良收马海庆为养子（当时一岁）。三个女子离开家庭后，在经济和生活方面对父母各自尽了赡养扶助义务。1983年前，马韩氏及马希良夫妇先后去世，为分割处理十六间祖遗房屋，三个女儿与养子发生纠纷。

经我们研究认为：对土改已确权的房屋，一般应以确定的产权为准，由参加土改的家庭成员进行析产，其中被继承人应得的份额属于遗产。本案讼争的房屋系祖遗房产，土改时没有变动；马海庆土改后不久被收养，以后对该房屋长期进行了使用和管理。根据此案具体情况，可按马家参加土改的人口加上养子共六人先行析产，然后确定马希良夫妇的遗产数额。马希良夫妇从析产中所得的份额及马希良继承其母马韩氏的份额属于他们的遗产，其三个女儿及养子都有继承权。至于每人继承份额多少，应视具体情况合理确定。

此复

最高人民法院关于未成年的养子女，其养父在国外死亡后回生母处生活，仍有权继承其养父的遗产的批复

- 1986 年 5 月 19 日
- 〔1986〕民他字第 22 号

福建省高级人民法院：

你院 1985 年 12 月 10 日《关于泉州市戴玉芳与戴文良析产、继承上诉案中黄钦辉有无继承权的请示报告》收悉。

据报告称，戴文化、戴文良兄弟二人于 1929 年至 1931 年先后从菲律宾回国在泉州市新街四十一号建楼房一座，由其父母戴淑和、林英蕊等人居住。1942 年戴母林英蕊收黄钦辉为戴文化的养子。黄钦辉与祖母林英蕊共同生活，由其养父戴文化从国外寄给生活费和教育费，直至 1955 年戴文化在国外去世。当时黄钦辉尚

未成年，后因生活无来源于1957年回到生母处。1980年黄钦辉向法院提起诉讼，要求继承其养父戴文化新街四十一号楼房遗产。

经我们研究认为：黄钦辉于1942年被戴文化之母林英蕊收养为戴文化的养子，直至1955年戴文化去世，在长达十三年的时间里，其生活费和教育费一直由戴文化供给。这一收养关系戴文化生前及其亲属、当地基层组织和群众都承认，应依法予以保护。

关于黄钦辉是否自动解除收养关系或放弃继承权的问题，黄钦辉因养父戴文化1955年在国外去世，当时本人尚未成年，在无人供给生活费，又无其他经济来源的情况下，不得不于1957年回到生母处生活，对此不能认为黄钦辉自动解除了收养关系。黄钦辉在继承开始和遗产处理前，没有明确表示放弃继承，应当依法准许其继承戴文化的遗产。

此复

最高人民法院民事审判庭关于未经结婚登记以夫妻名义同居生活一方死亡后另一方有无继承其遗产权利的答复

· 1987年7月25日

· 〔1987〕民他字第40号

辽宁省高级人民法院：

你院关于未经结婚登记以夫妻名义同居生活，一方死亡后另一方有无继承其遗产权利的案情报告收悉。经研究认为，在本案中，不能承认刘美珍与栾庆吉为事实婚姻。

至于栾庆杰死亡后遗留的财产，可按财产纠纷处理。

最高人民法院民事审判庭关于钱伯春能否继承和尚钱定安遗产的电话答复

· 1987 年 10 月 16 日

· 〔1986〕民他字第 63 号

上海市高级法院：

你院（86）沪高民他字第 4 号函请示的钱伯春能否继承和尚钱定安遗产的问题，经研究认为：

1. 我国现行法律对和尚个人遗产的继承问题并无例外的规定，因而，对作为公民的和尚，在其死后，其有继承权的亲属继承其遗产的权利尚不能否定；

2. 鉴于本案的具体情况，同意对和尚钱定安个人遗款的继承纠纷，由受理本案的法院在原、被告双方之间作调解处理。

请你院按照我院审判委员会的上述意见办理。对你院的请示报告不再作文字批复。

最高人民法院民事审判庭关于王安贵诉王景斋继承案的电话答复

· 1987 年 12 月 16 日

· 〔1987〕民他字第 68 号

山东省高级人民法院：

关于你院请示的王安贵诉王景斋继承一案，经研究，现电话答复如下：

我们基本上同意你院审判委员会倾向性的意见，即观海一路10号的四间自住房，属李淑安、王景斋所共有。李淑安病故后，对自留的四间房屋，可按先析产后继承原则进行处理。在具体分割时，要考虑子女们对被继承人所尽义务的多少以及房屋的结构，长期使用状况等因素，妥善处理。

最高人民法院民事审判庭关于汤真发诉刘天权继承一案的复函

· 1989年2月21日

· 〔1988〕民他字第53号

四川省高级人民法院：

你院川法民示字第4号关于汤真发诉刘天权继承一案的请示报告收悉。经我们研究，兹提出以下意见：

汤真发出生3天后即被汤德恩、田桂香夫妇收养。汤德恩病故后，生父刘福成娶养母田桂香为妾，共同抚育汤真发9年。1953年刘福成与田桂香离婚，此后其养母又与勾天益再婚，汤真发随勾天益夫妇共同生活至成年。汤真发始终未与养母田桂香解除收养关系，汤真发与生父刘福成的生父子关系不能视为自然恢复，有抚养教育关系的继父母与继子女间的权利义务关系亦不能因继父母离婚而自然解除。鉴于该案情况较为特殊，汤真发与刘福成之间权利义务关系如何认定，该遗产如何具体处理，请你院根据具体情况和有关法律酌定。关于逮捕汤真发等问题，因涉及刑事，务请你院慎重从事，以防矛盾激化。

最高人民法院关于蒋秀蓉诉彭润明、邱家乐、朱翠莲继承清偿债务纠纷一案的批复

· 1991 年 1 月 26 日

· 〔1990〕民他字第 23 号

四川省高级人民法院：

你院（89）川法民示字第 28 号关于新津县蒋秀蓉诉彭润明、邱家乐、朱翠莲继承清偿债务纠纷一案的请示报告收悉。经研究认为：蒋秀蓉在彭润明、邱国红夫妇家当保姆期间，被犯罪分子王念先杀伤致残，彭、邱夫妇亦在与该罪犯搏斗中被杀身亡。从本案事实看，蒋秀蓉并非因保护雇主一家的生命、财产安全或其他利益而被杀伤，故要求从雇主的遗产中补偿其医疗费、生活费等，于法无据。但鉴于蒋秀蓉是在受雇期间受害的具体情况，可尽量对被告多做说服工作，争取其自愿从遗产中给予蒋秀蓉适当照顾，如调解不成，即判决驳回蒋秀蓉的诉讼请求。

以上意见，供参考。

遗嘱公证细则

· 2000 年 3 月 24 日

· 司法部令第 57 号

第一条 为规范遗嘱公证程序，根据《中华人民共和国继承法》、《中华人民共和国公证暂行条例》等有关规定，制定本细则。

第二条 遗嘱是遗嘱人生前在法律允许的范围内，按照法律规定的方式处分其个人财产或者处理其他事务，并在其死亡时发生效力的单方法律行为。

第三条 遗嘱公证是公证处按照法定程序证明遗嘱人设立遗嘱行为真实、合法的活动。经公证证明的遗嘱为公证遗嘱。

第四条 遗嘱公证由遗嘱人住所地或者遗嘱行为发生地公证处管辖。

第五条 遗嘱人申办遗嘱公证应当亲自到公证处提出申请。

遗嘱人亲自到公证处有困难的，可以书面或者口头形式请求有管辖权的公证处指派公证人员到其住所或者临时处所办理。

第六条 遗嘱公证应当由两名公证人员共同办理，由其中一名公证员在公证书上署名。因特殊情况由一名公证员办理时，应当有一名见证人在场，见证人应当在遗嘱和笔录上签名。

见证人、遗嘱代书人适用《中华人民共和国继承法》第十八条的规定。

第七条 申办遗嘱公证，遗嘱人应当填写公证申请表，并提交下列证件和材料：

（一）居民身份证或者其他身份证件；

（二）遗嘱涉及的不动产、交通工具或者其他有产权凭证的财产的产权证明；

（三）公证人员认为应当提交的其他材料。

遗嘱人填写申请表确有困难的，可由公证人员代为填写，遗嘱人应当在申请表上签名。

第八条 对于属于本公证处管辖，并符合前条规定的申请，公证处应当受理。

对于不符合前款规定的申请，公证处应当在三日内作出不予受理的决定，并通知申请人。

第九条 公证人员具有《公证程序规则（试行）》第十条规定情形的，应当自行回避，遗嘱人有权申请公证人员回避。

第十条 公证人员应当向遗嘱人讲解我国《民法通则》、《继承法》中有关遗嘱和公民财产处分权利的规定，以及公证遗嘱的意义和法律后果。

第十一条 公证处应当按照《公证程序规则（试行）》第二十三条的规定进行审查，并着重审查遗嘱人的身份及意思表示是否真实、有无受胁迫或者受欺骗等情况。

第十二条 公证人员询问遗嘱人，除见证人、翻译人员外，其他人员一般不得在场。公证人员应当按照《公证程序规则（试行）》第二十四条的规定制作谈话笔录。谈话笔录应当着重记录下列内容：

（一）遗嘱人的身体状况、精神状况；遗嘱人系老年人、间歇性精神病人、危重伤病人的，还应当记录其对事物的识别、反应能力；

（二）遗嘱人家庭成员情况，包括其配偶、子女、父母及与其共同生活人员的基本情况；

（三）遗嘱所处分财产的情况，是否属于遗嘱人个人所有，以前是否曾以遗嘱或者遗赠扶养协议等方式进行过处分，有无已设立担保、已被查封、扣押等限制所有权的情况；

（四）遗嘱人所提供的遗嘱或者遗嘱草稿的形成时间、地点和过程，是自书还是代书，是否本人的真实意愿，有无修改、补充，对遗产的处分是否附有条件；代书人的情况，遗嘱或者遗嘱草稿上的签名、盖章或者手印是否其本人所为；

（五）遗嘱人未提供遗嘱或者遗嘱草稿的，应当详细记录其处分遗产的意思表示；

（六）是否指定遗嘱执行人及遗嘱执行人的基本情况；

（七）公证人员认为应当询问的其他内容。

谈话笔录应当当场向遗嘱人宣读或者由遗嘱人阅读，遗嘱人无异议后，遗嘱人、公证人员、见证人应当在笔录上签名。

第十三条　遗嘱应当包括以下内容：

（一）遗嘱人的姓名、性别、出生日期、住址；

（二）遗嘱处分的财产状况（名称、数量、所在地点以及是否共有、抵押等）；

（三）对财产和其他事务的具体处理意见；

（四）有遗嘱执行人的，应当写明执行人的姓名、性别、年龄、住址等；

（五）遗嘱制作的日期以及遗嘱人的签名。

遗嘱中一般不得包括与处分财产及处理死亡后事宜无关的其他内容。

第十四条 遗嘱人提供的遗嘱，无修改、补充的，遗嘱人应当在公证人员面前确认遗嘱内容、签名及签署日期属实。

遗嘱人提供的遗嘱或者遗嘱草稿，有修改、补充的，经整理、誊清后，应当交遗嘱人核对，并由其签名。

遗嘱人未提供遗嘱或者遗嘱草稿的，公证人员可以根据遗嘱人的意思表示代为起草遗嘱。公证人员代拟的遗嘱，应当交遗嘱人核对，并由其签名。

以上情况应当记入谈话笔录。

第十五条 两个以上的遗嘱人申请办理共同遗嘱公证的，公证处应当引导他们分别设立遗嘱。

遗嘱人坚持申请办理共同遗嘱公证的，共同遗嘱中应当明确遗嘱变更、撤销及生效的条件。

第十六条 公证人员发现有下列情形之一的，公证人员在与遗嘱人谈话时应当录音或者录像：

（一）遗嘱人年老体弱；

（二）遗嘱人为危重伤病人；

（三）遗嘱人为聋、哑、盲人；

（四）遗嘱人为间歇性精神病患者、弱智者。

第十七条 对于符合下列条件的，公证处应当出具公证书：

（一）遗嘱人身份属实，具有完全民事行为能力；

（二）遗嘱人意思表示真实；

（三）遗嘱人证明或者保证所处分的财产是其个人财产；

（四）遗嘱内容不违反法律规定和社会公共利益，内容完备，文字表述准确，签名、制作日期齐全；

（五）办证程序符合规定。

不符合前款规定条件的，应当拒绝公证。

第十八条 公证遗嘱采用打印形式。遗嘱人根据遗嘱原稿核对后，应当在打印的公证遗嘱上签名。

遗嘱人不会签名或者签名有困难的，可以盖章方式代替在申请表、笔录和遗嘱上的签名；遗嘱人既不能签字又无印章的，应当以按手印方式代替签名或者盖章。

有前款规定情形的，公证人员应当在笔录中注明。以按手印代替签名或者盖章的，公证人员应当提取遗嘱人全部的指纹存档。

第十九条 公证处审批人批准遗嘱公证书之前，遗嘱人死亡或者丧失行为能力的，公证处应当终止办理遗嘱公证。

遗嘱人提供或者公证人员代书、录制的遗嘱，符合代书遗嘱条件或者经承办公证人员见证符合自书、录音、口头遗嘱条件的，公证处可以将该遗嘱发给遗嘱受益人，并将其复印件存入终止公证的档案。

公证处审批人批准之后，遗嘱人死亡或者丧失行为能力的，公证处应当完成公证遗嘱的制作。遗嘱人无法在打印的公证遗嘱上签名的，可依符合第十七条规定的遗嘱原稿的复印件制作公证遗嘱，遗嘱原稿留公证处存档。

第二十条 公证处可根据《中华人民共和国公证暂行条例》① 规定保管公证遗嘱或者自书遗嘱、代书遗嘱、录音遗嘱；也可根据国际惯例保管密封遗嘱。

第二十一条 遗嘱公证卷应当列为密卷保存。遗嘱人死亡后，转为普通卷保存。

---

① 我国于2005年8月28日公布了《中华人民共和国公证法》。《公证暂行条例》已失效。

公证遗嘱生效前，遗嘱卷宗不得对外借阅，公证人员亦不得对外透露遗嘱内容。

第二十二条 公证遗嘱生效前，非经遗嘱人申请并履行公证程序，不得撤销或者变更公证遗嘱。

遗嘱人申请撤销或者变更公证遗嘱的程序适用本规定。

第二十三条 公证遗嘱生效后，与继承权益相关的人员有确凿证据证明公证遗嘱部分违法的，公证处应当予以调查核实；经调查核实，公证遗嘱部分内容确属违法的，公证处应当撤销对公证遗嘱中违法部分的公证证明。

第二十四条 因公证人员过错造成错证的，公证处应当承担赔偿责任。有关公证赔偿的规定，另行制定。

第二十五条 本细则由司法部解释。

第二十六条 本细则自 2000 年 7 月 1 日起施行。

办理继承公证的指导意见

· 2009 年 10 月 22 日中国公证协会第五届常务理事会第九次会议通过

第一条 为了规范公证机构办理继承公证事项，根据《中华人民共和国民法通则》、《中华人民共和国继承法》、《中华人民共和国公证法》、《公证程序规则》和有关法律、法规、规章以及《中国公证协会专业委员会业务规则制定程序》的规定，制定本指导意见。

第二条 当事人可以就继承被继承人某项遗产向公证机构申

请办理继承公证，也可以就继承被继承人数项遗产一并向公证机构申请办理继承公证。

二个以上当事人继承同一遗产的，应当共同向一个公证机构提出公证申请。

第三条 当事人申请办理继承公证，应当提交下列材料：

（一）当事人的身份证件；

（二）被继承人的死亡证明；

（三）全部法定继承人的基本情况及与被继承人的亲属关系证明；

（四）其他继承人已经死亡的，应当提交其死亡证明和其全部法定继承人的亲属关系证明；

（五）继承记名财产的，应当提交财产权属（权利）凭证原件；

（六）被继承人生前有遗嘱或者遗赠扶养协议的，应当提交其全部遗嘱或者遗赠扶养协议原件；

（七）被继承人生前与配偶有夫妻财产约定的，应当提交书面约定协议；

（八）继承人中有放弃继承的，应当提交其作出放弃继承表示的声明书；

（九）委托他人代理申办公证的，应当提交经公证的委托书；

（十）监护人代理申办公证的，应当提交监护资格证明。

本条所称“死亡证明”，是指医疗机构出具的死亡证明；公安机关出具的死亡证明或者注明了死亡日期的注销户口证明；人民法院宣告死亡的判决书；死亡公证书。

本条所称“亲属关系证明”，是指被继承人或者继承人档案所在单位的人事部门出具的证明继承人与被继承人之间具有亲属关系的证明；基层人民政府出具的证明继承人与被继承人之间具有亲属关系的证明；公安机关出具的证明继承人与被继承人之间具有亲属关系的证明；能够证明相关亲属关系的婚姻登记证明、收养登记证明、出生医学证明和公证书。

第四条 当事人有合理理由无法提交本指导意见第三条规定的死亡证明或者亲属关系证明的，应当提交二件以上足以证明相关死亡事实或者相关亲属关系的其他证明材料。

当事人有合理理由无法提交财产权属（权利）凭证原件的，应当提交财产权属（权利）凭证制发部门出具的其他证明材料。

第五条 公证机构办理继承公证，除需要按照《公证程序规则》规定的事项进行审查外，还应当重点审查下列事项：

（一）当事人的身份是否属实；

（二）当事人与被继承人的亲属关系是否属实；

（三）被继承人有无其他继承人；

（四）被继承人和已经死亡的继承人的死亡事实是否属实；

（五）被继承人生前有无遗嘱或者遗赠扶养协议；

（六）申请继承的遗产是否属于被继承人个人所有。

第六条 对当事人提交的符合本指导意见第三条规定的材料，公证机构除需要按照《公证程序规则》的规定进行审查外，还应当采用下列方式对亲属关系证明、死亡证明和财产权属（权利）凭证原件进行重点核实：

（一）对亲属关系证明，应当向出具证明材料的单位核实；

（二）对死亡证明和财产权属（权利）凭证原件进行审查后有疑义的，应当向出具证明材料的单位核实。

第七条 对当事人提交的符合本指导意见第四条规定的其他证明材料，公证机构应当按照《公证程序规则》的规定，根据不同情况采用适当的方式进行审查。对证明相关死亡事实或者相关亲属关系的证明材料，公证机构应当向出具证明材料的单位或者个人核实。证明材料经核实，应当能够互相印证且能够共同证明被继承人或者其他继承人的死亡事实或者相关亲属关系。

第八条 公证机构办理继承公证，应当询问当事人并制作询问笔录。询问笔录除需要按照《公证程序规则》的规定应当载明的内容外，还应当载明下列内容：

（一）被继承人死亡的时间、地点、原因；

（二）被继承人生前工作单位、住址、婚姻状况；

（三）申请继承的遗产的来源、取得时间、权属及基本状况；

（四）被继承人全部法定继承人（包括尽了主要赡养义务的丧偶儿媳或者女婿）的姓名、性别、与被继承人的亲属关系、工作单位、住址。法定继承人已经死亡的，应当载明死亡的时间；

（五）在继承人以外有无依靠被继承人扶养的缺乏劳动能力又没有生活来源的人或者对被继承人扶养较多的人，有无需要为其保留遗产份额的胎儿；

（六）被继承人生前有无遗嘱或者遗赠扶养协议，有几份；

（七）继承人中有无表示放弃继承的。

第九条 公证机构办理继承公证，除需要按照《公证程序规则》的规定向当事人进行告知外，还应当重点告知下列内容：

（一）当事人隐瞒、遗漏继承人（包括有权分得适当遗产的其他人）的，或者隐瞒、遗漏被继承人遗嘱（遗赠扶养协议）的，应当承担相应的法律责任；

（二）继承遗产的，应当在继承遗产实际价值内清偿被继承人依法应当缴纳的税款和债务；

（三）遗嘱（遗赠扶养协议）附有义务的，继承人（受遗赠人）应当履行义务。

第十条 当事人申请办理继承金额（数量）不明的银行卡（证券资金账户）内钱款（证券）公证的，公证机构应当告知其先申请办理用途为查询卡（户）内金额（数量）的亲属关系公证，待金额（数量）确定后，公证机构可以为其办理继承公证。

当事人申请办理继承存放在银行保管箱内物品公证的，公证机构应当告知其先申请办理用途为查询保管箱内物品的亲属关系公证和开启保管箱清点物品的保全证据公证，待保管箱内属于被继承人所有的物品的种类和数量确定后，公证机构可以为其办理继承公证。

第十一条 当事人依照《中华人民共和国保险法》第四十二条的规定申请办理继承被继承人死亡保险金公证的，公证机构应当依照《中华人民共和国继承法》及本指导意见的有关规定为其办理继承公证。

第十二条 当事人申请办理继承有限责任公司股权公证的，公证机构应当告知其《中华人民共和国公司法》第七十六条的规定。

当事人申请办理继承有限责任公司股东资格公证的，应当提交公司章程和其现任职证明。公证机构应当审查公司章程对当事人继承股东资格有无限制性规定以及审查当事人所从事的职业是否限制其继承股东资格。根据公司章程和有关法律规定，当事人不能继承股东资格的，公证机构为其办理继承股权公证。

第十三条 当事人依照《中华人民共和国合伙企业法》第五十条和第八十条的规定申请办理继承合伙人财产份额或者合伙人资格公证的，公证机构参照本指导意见第十二条的规定办理。

第十四条 公证机构办理遗嘱继承公证，应当按照下列方式审查确认遗嘱的效力：

（一）遗嘱为公证遗嘱的，公证机构应当对遗嘱内容是否符合法律规定进行审查，并向全体法定继承人核实，核实的内容包括询问被继承人有无其他遗嘱或者遗赠扶养协议，法定继承人中有无缺乏劳动能力又没有生活来源的人。

法定继承人对公证机构的核实没有回复的，或者无法与法定继承人取得联系的，公证机构在对遗嘱进行审查后，可以确认遗嘱的效力；

（二）遗嘱为公证遗嘱以外的其他符合法定形式的遗嘱的，公证机构应当取得全体法定继承人对遗嘱内容无异议的书面确认，并经审查认为遗嘱的内容符合法律规定，可以确认遗嘱的效力；

（三）遗嘱为在境外所立的遗嘱的，公证机构应当根据法律、法规及司法部的有关规定确认遗嘱的效力。

第十五条 除《公证法》和《公证程序规则》规定的不予办理公证的情形外，有下列情形之一的，公证机构不予办理遗嘱继承公证：

（一）根据法律规定遗嘱继承人丧失继承权的；

（二）遗嘱经审查无效或者效力无法确认的；

（三）遗嘱处分的财产不属于被继承人个人所有或者被继承人生前已经处分了遗嘱所涉及的财产的；

（四）继承同一遗产，遗嘱继承人中有人未提出公证申请且又未作出放弃继承表示的；

（五）利害关系人与遗嘱继承人就遗嘱内容是否符合《中华人民共和国继承法》第十九条的规定有争议的；

（六）利害关系人有充分证据证明遗嘱继承人没有履行遗嘱所附义务的。

第十六条 除《公证法》和《公证程序规则》规定的不予办理公证的情形外，有下列情形之一的，公证机构不予办理法定继承公证：

（一）根据法律规定法定继承人丧失继承权的；

（二）被继承人生前所立遗嘱或者签订的遗赠扶养协议已经处分了法定继承人申请继承的遗产的；

（三）法定继承人中有人未提出公证申请且又未作出放弃继承表示的；

（四）法定继承人不能协助公证机构完成核实或者有关单位及个人拒绝协助公证机构进行核实的；

（五）法定继承人之间对法定继承人的范围、遗产的权属或者是否有适用《中华人民共和国继承法》第十二条、第十四条规定的人有争议的。

第十七条 继承人表示放弃继承的声明书应当亲自在公证员面前作出。继承人不能亲自到受理继承公证申请的公证机构作出放弃继承表示的，其表示放弃继承的声明书应当经过公证。

继承人表示放弃继承的，公证机构仅需审查继承人个人的意思表示。

第十八条 受遗赠人申请办理接受遗赠公证的，公证机构参照本指导意见有关办理遗嘱继承公证的规定办理。

第十九条 本指导意见由中国公证协会常务理事会负责解释。

最高人民法院关于对分家析产的房屋再立遗嘱变更产权，其遗嘱是否有效的批复

· 1985年11月28日

· 〔1985〕民他字第12号

四川省高级人民法院：

你院（85）川法民字第3号《关于处理张家定、张家铭、张家慧诉张士国房屋产权纠纷一案的请示》收悉。关于建国前已经析产确权，能否再予以重新分割或立遗嘱继承等问题，经研究答复如下：张家定之祖父张文卿（张士国之父）于1948年将其家中自有房宅，除自已居住的一处外，其余四处均分给四个儿子。建国后由人民政府颁发了产权证。1953年张文卿召开有镇政府干部参加的家庭会议，经协商，重新调整各自分得的房产，以清偿分家前的债务，立了经镇政府认可的“房屋分管字据”，均无异议。1955年张文卿夫妇将调整给二儿媳的房产，又立遗嘱由四子张士国“继承”。1966年巫溪县人民法院按“遗嘱”作了调解。二儿媳的女儿张家定等人不服，提起申诉。据上，我们认为，对张家在1948年析产后，经财产所有人共同协商，于1953年分家时达成的各自管业且已执行多年的房产协议，应予以维护。张文卿夫妇于1955年所立“遗嘱”无效。

此复

最高人民法院关于财产共有人立遗嘱处分自己的财产部分有效处分他人的财产部分无效的批复

· 1986年6月20日

· 〔1986〕民他字第24号

广东省高级人民法院：

你院（86）粤法民字第16号请示报告收悉。关于刘坚诉冯仲勤房屋继承一案，经研究，我们基本同意你院审判委员会讨论的第一种意见。双方讼争的房屋，原系冯奇生及女儿冯湛清、女婿刘卓三人所共有。冯奇生于1949年病故前，经女儿冯湛清同意，用遗嘱处分属于自己和冯湛清的财产是有效的。但是，在未取得产权共有人刘卓的同意下，遗嘱也处分了刘卓的那一份财产，因此，该遗嘱所涉及刘卓财产部分则是无效的。在刘卓的权利受到侵害期间，讼争房屋进行了社会主义改造，致使刘卓无法主张权利。现讼争房屋发还，属于刘卓的那份房产应归其法定继承人刘坚等依法继承。

遗赠扶养协议公证细则

· 1991年4月3日

· 司发〔1991〕047号

第一条 为规范遗赠扶养协议公证程序，根据《中华人民共和国民法通则》、《中华人民共和国继承法》、《中华人民共和国公证暂行条例》、《公证程序规则（试行）》，制订本细则。

第二条 遗赠扶养协议是遗赠人和扶养人为明确相互间遗赠和扶养的权利义务关系所订立的协议。

需要他人扶养，并愿将自己的合法财产全部或部分遗赠给扶养人的为遗赠人；对遗赠人尽扶养义务并接受遗赠的人为扶养人。

第三条 遗赠扶养协议公证是公证处依法证明当事人签订遗赠扶养协议真实、合法的行为。

第四条 遗赠人必须是具有完全民事行为能力、有一定的可遗赠的财产、并需要他人扶养的公民。

第五条 扶养人必须是遗赠人法定继承人以外的公民或组织，并具有完全民事行为能力、能履行扶养义务。

第六条 遗赠扶养协议公证，由遗赠人或扶养人的住所地公证受理。

第七条 办理遗赠扶养协议公证，当事人双方应亲自到公证处提出申请，遗赠人确有困难，公证人员可到其居住地办理。

第八条 申办遗赠扶养协议公证，当事人应向公证处提交以下证件和材料：

（一）当事人遗赠扶养协议公证申请表；

（二）当事人的居民身份证或其他身份证明；

（三）扶养人为组织的，应提交资格证明、法定代表人身份证明，代理人应提交授权委托书；

（四）村民委员会、居民委员会或所在单位出具的遗赠人的家庭成员情况证明；

（五）遗赠财产清单和所有权证明；

（六）村民委员会、居民委员会或所在单位出具的扶养人的经济情况和家庭和成员情况证明；

（七）扶养人有配偶的，应提交其配偶同意订立遗赠扶养协议的书面意见；

（八）遗赠扶养协议；

（九）公证人员认为应当提交的其他材料。

第九条 符合下列条件的申请，公证处应予受理：

（一）当事人身份明确，具有完全民事行为能力；

（二）当事人就遗赠扶养协议事宜已达成协议；

（三）当事人提交了本细则第八条规定的证件和材料；

（四）该公证事项属于本公证处管辖。

对不符合前款规定条件的申请，公证处应作出不予受理的决定，并通知当事人。

第十条 公证人员接待当事人，应按《公证程序规则（试行）》第二十四条规定制作笔录，并着重记录下列内容：

（一）遗赠人和扶养人的近亲情况、经济情况；

（二）订立遗赠扶养协议的原因；

（三）遗赠人遗赠财产的名称、种类、数量、质量、价值、座落或存放地点，产权有无争议，有无债权债务及处理意见；

（四）扶养人的扶养条件、扶养能力、扶养方式，及应尽的义务；

（五）与当事人共同生活的家庭成员意见；

（六）遗赠财产的使用保管方法；

（七）争议的解决方法；

（八）违约责任；

（九）公证人员认为应当记录的其他内容。

公证人员接待当事人，须根据民法通则和继承法等有关法律，向当事人说明签订遗赠扶养协议的法律依据，协议双方应承担的义务和享有的权利，以及不履行义务承担的法律责任。

第十一条 遗赠扶养协议应包括下列主要内容：

（一）当事人的姓名、性别、出生日期、住址，扶养人为组织的应写明单位名称、住址、法定代表人及代理人的姓名；

（二）当事人自愿达成协议的意思表示；

（三）遗赠人受扶养的权利和遗赠的义务；扶养人受遗赠的权利和扶养义务，包括照顾遗赠人的衣、食、住、行、病、葬的具体措施及责任田、口粮田、自留地的耕、种、管、收和遗赠财产的名称、种类、数量、质量、价值、座落或存放地点、产权归属等；

（四）遗赠财产的保护措施或担保人同意担保的意思表示；

（五）协议变更、解除的条件和争议的解决方法；

（六）违约责任。

第十二条 遗赠扶养协议公证，除按《公证程序规则（试行）》第二十三条规定的内容审查外，应着重审查下列内容：

（一）当事人之间有共同生活的感情基础，一般居住在同一地；

（二）当事人的意思表示真实、协商一致，协议条款完备，权利义务明确、具体、可行；

（三）遗赠的财产属遗赠人所有，产权明确无争议；财产为特定的，不易灭失；

（四）遗赠人的债权债务有明确的处理意见；

（五）遗赠人有配偶并同居的，应以夫妻共同为一方签订协议；

（六）扶养人有配偶的，必须征得配偶的同意；

（七）担保人同意担保的意思表示及担保财产；

（八）公认人员认为应当查明的其他情况。

第十三条 符合下列条件的遗赠扶养协议，公证处应出具公证书：

（一）遗赠人和扶养人具有完全民事行为能力；

（二）当事人意思表示真实、自愿；

（三）协议内容真实、合法，条款完备，协议内容明确、具体、可行，文字表述准确；

（四）办证程序符合规定。

不符合前款规定条件的，应当拒绝公证，并在办证期限内将拒绝的理由通知当事人。

第十四条 订立遗赠扶养协议公证后，未征得扶养人的同意，遗赠人不得另行处分遗赠的财产，扶养人也不得干涉遗赠人处分未遗赠的财产。

第十五条 无遗赠财产的扶养协议公证，参照本细则办理。

第十六条 本细则由司法部负责解释。

第十七条 本细则自一九九一年五月一日起施行。

最高人民法院关于王晏和房屋继承申诉案的批复

· 1985 年 4 月 27 日

· 〔85〕法民字第 10 号

湖北省高级人民法院：

你院 1984 年 11 月 12 日鄂法<83>民监字第 12 号关于王晏和房

屋继承申诉一案的请示报告及所附案卷五宗均收悉。经研究我们认为：

申诉人王晏和虽然自幼随母吴秀依靠堂姑王秀珊扶助长大，但他一直与生母吴秀保持母子关系，与王秀珊之间不存在养母子关系，故王晏和不应成为王秀珊的合法继承人。第三人颜竹香、吴秀长期与王秀珊居住在一起共同生活，共同劳动，应属于亲友间的互相扶助，她们之间不存在继承与被继承的关系。因此，严家巷7号房屋，不论是属于王顺和夫妇的遗产，还是属于王秀珊的遗产，王照清和王瑞珍都享有继承权利，讼争之房屋应由王照清和王瑞珍继承。但是考虑到颜竹香、吴秀母子与王秀珊曾经多年共同生活的实际情况，可从遗产中给予适当照顾。

最高人民法院关于父母的房屋遗产由兄弟姐妹中一人领取了房屋产权证并视为己有产生纠纷应如何处理的批复

· 1987年6月15日

· 〔1987〕民他字第16号

广东省高级人民法院：

你院粤法民字<1987>31号关于惠阳地区中级人民法院请示的上诉人钟秋香、钟玉妹诉钟寿祥房屋纠纷一案的报告及卷宗收悉。

据你院报告称：钟和记（1941年故）与妻子苏衬（1926年故）、继妻王细（1984年故）先后生有4个女儿，即：钟妙（1976年故）、钟秋香、钟玉妹、钟秋胜（1981年故）。1940年钟和记与王细夫妇收养了钟寿祥（当时12岁）。1939年、1940年钟和记和王细购置房屋6间。钟和记死后，由王细、钟玉妹、钟秋香、钟寿祥等长期居住。1973年钟秋香将自己居住的那部分房屋进行了改建。钟寿祥曾以自己的名字，于1947年、1953年、1960年先后领取了6间房屋所有权证。王细于1984年死后，钟寿祥便在1985年将部分房屋拆除改建，并将其中部分房屋宅基地给其子使用，为此，双方发生纠纷。

经研究，同意你院审判委员会的意见。即根据该房产的来源及使用等情况，以认定该屋为钟和记和王细的遗产，属钟秋香、钟玉妹、钟寿祥、钟妙、钟秋胜五人共有为宜。钟寿祥以个人名义领取的产权证，可视为代表共有人登记取得的产权证明。钟妙、钟秋胜已故，其应得部分由其合法继承人继承。

以上意见供你院批复时参考。此复。

最高人民法院关于冯钢百遗留的油画等应如何处理的批复

· 1987年6月17日

· 〔1987〕民他字第17号

广东省高级人民法院：

你院（1986）粤法民上字第38号关于冯贵真与冯学平等四人继承纠纷一案的请求报告收悉。

据报告称，画家冯钢百于1984年10月病逝后，其子女为其父所绘油画三十二幅和绘画工具等的处理发生争执：冯贵真要求继承部分油画；冯学平等四人则认为，其父是我国著名的油画家，所遗油画有一定的艺术价值，不同意分割，主张按其父的遗愿将油画全部献给国家。为此，冯贵真向人民法院提起诉讼。

经与有关部门研究后认为，冯钢百生前所绘油画虽有一定艺术价值，但仍属可分割的遗产，他生前表示将其油画献给国家的意愿不是遗嘱。因此，冯钢百遗留的油画等遗产应根据我国继承法的有关规定，由其子女冯贵真、冯约素、冯振玉、冯磊、冯学平等人继承。

最高人民法院关于产权人生前已处分的房屋死后不应认定为遗产的批复

· 1987 年 6 月 24 日

· 〔1987〕民他字第 37 号

贵州省高级人民法院：

你院《关于陶冶与邓秀芳财产继承一案的请示报告》收悉。据报告称，陶庭柱、陶齐氏夫妇生育一子（陶国祥）二女（陶冶，另一女早亡），陶庭柱于 1924 年死亡，遗有祖遗房屋三间。陶齐氏于 1941 年将三间房屋过户在儿子陶国祥名下并交了该房产权状。解放后该房产权仍由陶国祥登记，并管理使用达四十余年，直至 1968 年陶齐氏死亡时，双方均未提出异议，1983 年陶国祥死亡后，陶冶以房屋系父母遗产为由要求继承。一、二审判决认定陶冶无权继承此房，你院裁定将此案发回安顺地区中级法院再审，并向我院请示。

我们研究认为，此案论争房屋虽系祖遗产，但陶齐氏已将产权状交与陶国祥，并在两次产权登记和私房改造中，均确定由陶国祥长期管理使用，陶冶在陶齐氏生前从未提出异议。据此应当认为该房产权早已转归陶国祥夫妻共有。陶国祥死后的遗产，依法应由邓秀芳及其子女继承。陶冶无权要求继承。

最高人民法院民事审判庭关于盲人刘春和生前从事“算命”所积累的财产死后可否视为非法所得加以没收的电话答复

· 1987 年 10 月 14 日

· 〔1987〕民他字第 22 号

江苏省高级人民法院：

关于盲人刘春和生前从事“算命”所积累的财产，死后可否视为非法所得加以没收的请示，我们研究认为：

《中华人民共和国治安管理处罚条例》第二十四条第四款“利用封建迷信手段，扰乱社会秩序或骗取财物”和第三十二条第一款“赌博或者为赌博提供条件的”，对这两种行为人予以拘留或罚款。据公安部法规局、政策研究室的同志解释，是指正在进行非法活动之当时，对其所得予以没收，对其其他财产则不予追缴。本案中刘春和死后遗留的财产，没有没收的法律依据。第二，事实上也无充分的事实根据和确凿的证据证明刘春和死后遗留这笔财产都是“算命”所得。据此，我们同意你院审委会的意见，即：刘春和遗留的存款和其他财产，应视为遗产，由其法定继承人继承。

最高人民法院关于继承开始时继承人未表示放弃继承遗产又未分割的可按析产案件处理的批复

· 1987年10月17日

· 〔1987〕民他字第12号

江苏省高级人民法院：

你院《关于费宝珍、费江诉周福祥析产一案的请示报告》收悉。

据你院报告称：费宝珍与费翼臣婚生三女一子，在无锡市有房产一处共241.2平方米。1942年长女费玉英与周福祥结婚后，夫妻住在费家，随费宝珍生活。次女费秀英、三女费惠英相继于1950年以前出嫁，住在丈夫家。1956年费翼臣、费宝珍及其子费江迁居安徽，无锡的房产由长女一家管理使用。1958年私房改造时，改造了78.9平方米，留自住房162.3平方米。1960年费翼臣病故，费宝珍、费江迁回无锡，与费玉英夫妇共同住在自留房内，分开生活。1962年费玉英病故。1985年12月，费宝珍、费江向法院起诉，称此房为费家财产，要求周福祥及其子女搬出。周福祥认为，其妻费玉英有继承父亲费翼臣的遗产的权利，并且已经占有、使用四十多年，不同意搬出。原审在调查过程中，费秀英、费惠英也表示应有她们的产权份额。

我们研究认为，双方当事人诉争的房屋，原为费宝珍与费翼臣的夫妻共有财产，1958年私房改造所留自住房，仍属于原产权人共有。费翼臣病故后，对属于费翼臣所有的那一份遗产，各继承人都没有表示过放弃继承，根据《继承法》第二十五条第一款的规定，应视为均已接受继承。诉争的房屋应属各继承人共同共有，他们之间为此发生之诉讼，可按析产案件处理，并参照财产来源、管理使用及实际需要等情况，进行具体分割。

最高人民法院关于刘士庚诉定州市东赵庄乡东赵庄村委会白银纠纷一案的批复

· 1988 年 4 月 20 日

· 〔1988〕民他字第 12 号

河北省高级人民法院：

你院（88）冀法民字第 1 号关于刘士庚诉定州市东赵庄乡东赵庄村委会白银纠纷一案的请求报告收悉。

据你院报告称：双方争执的白银系刘士庚的祖父刘洛纯所埋。土改时，刘洛纯被定为地主，其被没收的房屋由东赵庄村委会使用至今。1986 年 10 月，刘士庚之夫刘运凯向定州市政府提出，其妻刘士庚的祖父临终前告诉他们，在被没收的 3 间南房东头屋内埋有白银 1 坛，要求挖掘。经市、区、乡政府同意，刘运凯等前往东赵庄村与村委会干部一同挖掘未获。村委会经向知情人调查了解后，即组织人员在南房西头一间内挖出白银 1 坛，计 2401 块。刘士庚为白银的归属与村委会发生纠纷诉至法院，要求返还掘获的银元。

经我们研究认为：根据《民法通则》第七十九条第一款及我院《关于贯彻执行〈民法通则〉若干问题的意见（试行）》第九

十三条规定的精神，争执的白银应归埋藏人刘洛纯所有，由其法定继承人依法继承。在处理时，对挖掘过程中提供过条件、帮助的单位和个人，可酌情予以适当的补偿。

此复

最高人民法院关于孙世界、孙世明与孙洪武等人房屋继承申诉案的复函

· 1990 年 2 月 5 日

· 〔89〕民他字第 46 号

河北省高级人民法院：

你院冀民〔1989〕150 号关于孙世界、孙世明与孙洪武、孙洪德、孙淑芹房屋继承申诉一案，对土改时祖遗房产填写土地房产所有证后的产权确认问题的请示报告收悉。经研究，我们同意你院的第一种意见，即双方诉争之六间房产系祖遗房产，其父辈孙履忠、孙履坦兄弟 2 人未曾分家析产。在土改填发土地房产所有证时，孙履坦将该房填写在自已名下，但未载明家庭人数，据土改干部证明："该房是哥俩的，土地证填写谁的名都行。"因此，该房产应视为孙履忠、孙履坦之父遗产，按先析产后继承的原则处理为宜。具体如何分割，请根据实际情况酌定。

以上意见，供参考。

最高人民法院民事审判庭关于王敬民诉胡宁声房屋继承案的复函

· 1990年8月13日

· 〔1990〕民他字第6号

江西省高级人民法院：

你院《关于复查王敬民诉胡宁声房屋继承案请示报告》收悉。经我们研究认为，胡国珍1951年1月死亡后其所遗景德镇市原中山路522号房屋，早已于同年经民政部门调解，达成了由胡济清和倪锦芳各继承一半的协议，当时倪锦芳作为继承人和王敬民的监护人有权行使此项权利。1953年据此协议，由政府发证、确权。这些早已发生效力的法律行为，不应当再予推翻。因此本案再作继承案件处理不当。

最高人民法院关于向勋珍与叶学枝房屋纠纷案的复函

· 1990年11月15日

· （1990）民他字第45号

贵州省高级人民法院：

你院（90）民请字第7号《关于向勋珍与叶学枝房屋纠纷一案的请示报告》收悉。经研究认为；宁国锋夫妇于1929年、1946年先后死亡，所遗房屋由三子宁让祥一家一直居住至今，其他子女宁福英、宁雪冰、宁让贤于1986年以前先后死亡，他们生前均未表示放弃继承。根据我国《继承法》第25条和我院《关于贯彻执行〈中华人民共和国民法通则〉若干问题的意见（试行）》第177条的规定和该案具体情况，宁氏姐弟对其父母所遗房产可视为接受继承，并对未分割的房产享有共有权。据此，我们基本同意你院的第二种意见，即宁雪冰之妻向勋珍现提出分割共有房屋，可按分割共同财产的诉讼请求处理。但鉴于叶学校一家居住、使用房屋达40多年等情况，为稳定住房秩序，可由叶学校给予向勋珍等转继承人适当补偿。

以上意见，供参考。

法律法规新解读系列

实用附录

民法典继承编
解读与应用

分家析产协议（参考文本）[①]

甲方：×××（姓名、性别、出生日期、民族、工作单位、住址、身份证号）。甲方×××系下列当事人之父亲。

乙方：×××（姓名、性别、出生日期、民族、工作单位、住址、身份证号）。乙方×××系甲方×××之子，丙方×××和丁方×××之哥哥。

丙方：×××（姓名、性别、出生日期、民族、工作单位、住址、身份证号）。丙方×××系甲方×××之子，乙方×××之弟弟，丁方×××之哥哥。

丁方：×××（姓名、性别、出生日期、民族、工作单位、住址、身份证号）。丁方×××系甲方×××之子，乙方×××和丙方×××之弟弟。

甲方、乙方、丙方、丁方先前一同生活，现甲方、乙方、丙方、丁方均提出分家、独自生活的要求，在甲方、乙方、丙方、丁方四方协商一致，在见证人×××的见证下，达成以下协议：

一、家庭共有财产有位于××市××区××路××小区×单元×号楼××室房屋一套，及存款人民币×元整。

二、甲方分得×元存款；乙方分得位于××市××区××路××小区×单元×号楼××室房屋一套所有权；丙方分得×元存款；丁方分得遗留下来的所有家电、家具。

三、甲方去世后，所留现金由×、×方继承，×、×方应平均合理地继承。

---

① 参见卢明生：《婚姻家庭文书诉状实例》，中国法制出版社2012年版，第28页。

四、以上所签订的协议合法、有效，各方当事人出于完全自愿。

五、本协议自签订之日起生效。

甲方（亲笔签字）：×××

年　　月　　日

乙方（亲笔签字）：×××

年　　月　　日

丙方（亲笔签字）：×××

年　　月　　日

丁方（亲笔签字）：×××

年　　月　　日

见证人（亲笔签字）：×××

年　　月　　日

遗赠扶养协议书

（参考文本）

遗赠方：×××，（性别），××岁，××族，××市×区人，无子女，现住××市×区×街×号。

扶养方：××，（性别），××岁，××族，××市×县人，××市×（职位），现住×市×区×街×号。

当事人×××与××系××关系。×××年老体弱，没有子女，孤身一人，生活上需要人照顾。××自愿承担照顾老人的义务，直至老人去世。为了明确双方权利义务关系，经共同商定，达成如下协议：

一、×××随××共同生活。在×××有生之年，由××负责照顾其衣食、起居和医病等。×××去世后，由××负责丧葬事宜。

二、×××在×区×街×号有私房×间、厨房×间（房产所有证××××号），赠与××名下为业。×××去世之日，赠与生效，房屋产权开始转移。

三、×××赠与之房产，在其有生之年不得转卖、出租、转赠等；××应尊敬老人，保证×××幸福地度过晚年。

四、此协议自签订之日起生效。在履行协议过程中，一方有违背协议的行为，另一方可以提出终止协议并提出赔偿损失的要求。

以上协议，当事人均属自愿，保证遵照执行。特委托××市××律师事务所律师×××代书协议书一式3份（当事人各执1份，律师事务所留存1份）。

遗赠人：×××（印）

扶养人：× ×（印）

代书人：××市××律师事务所（章）

律 师：×××（印）

年 月 日

遗　嘱

（参考文本）

【遗　　嘱】

立遗嘱人：身份证号：性别：住所：

婚姻状况：已婚，配偶______

兹郑重申明，将本人所有以前订立之遗嘱、遗嘱修订附件及遗嘱性质的产权处置，无论书面或口头，全部作废，并以该遗嘱为本人最后之遗嘱。

一、本人名下位于______室的房产，产权证号：房地______字（______）第______号，本人愿将上述房产作为遗产由______继承。

二、本人将本人名下的所有现金及银行存款、贵重物品、家具电器等全部属于本人的动产作为遗产由______继承。

三、本人的遗产先用于支付本人丧葬费用，后事交由____全权办理。

四、遗嘱一式贰份，一份由____持有，一份由____持有，此嘱。

立遗嘱人：______

____年____月____日

填写说明：

1. 立遗嘱人的姓名、身份证号、住所、性别、婚姻状况应写明。

2. 立遗嘱人的资产，包括现金、银行账户、股票、保险金、房地产、古董、珠宝首饰、汽车、股份等，均需详细准确列明。

3. 继承人的身份、名称、关系等也应写明。

夫妻共同财产和个人财产的计算公式

(1) 夫妻共同财产的计算公式

公式一：

夫妻共同财产=约定的共同财产+法定的共同财产

公式二：

法定的夫妻共同所有财产=工资+奖金+劳务收入+生产、经营、投资的收益+知识产权的收益+未确定由特定一方继承或者受赠的财产+住房补贴+住房公积金+基本养老金+破产安置补偿费+购置的财产+取得的债权+复员费（部分）+军人自主择业费（部分）+其他应当归共同所有的财产（以上各项均为婚姻关系存续期间取得的）

① 工资、奖金和劳务收入的计算公式

工资、奖金和劳务收入=工资+奖金+红包+红利+津贴+互助金+餐补+服装费+其他劳务收入

② 生产、经营、投资的收益计算公式

生产、经营、投资的收益=劳动收入+资本收益（如股票债券收入，经营个体工商户的收益、经营企业的收益、入股收益等，包括股份、股权等）

③ 知识产权的收益计算公式

知识产权的收益=实际取得+已经明确可以取得的财产性收益

④ 继承或者受赠的财产计算要点

遗嘱或赠与合同中没有确定只归夫或妻一方的财产（继承权是在婚姻关系存续期间取得或者接受赠与是在婚姻关系存续期间）

⑤ 复员费、转业费、军人自主择业费（部分）计算公式

属于夫妻共同财产的复员费、转业费、自主择业费=夫妻婚姻关系存续年限×年平均值

年平均值=复员费、转业费、自主择业费总额÷（70-军人入伍时实际年龄）

⑥ 其他应当归共同所有的财产计算公式

其他应当归共同所有的财产=一方以个人财产投资取得的收益+男女双方实际取得或者应当取得的基本养老金+破产安置补偿费+住房补贴+住房公积金+共同财产购买的房产+购置的财产+其他

（2）夫妻个人所有财产的计算公式

公式一：

夫妻个人所有的财产=约定的个人所有的财产+法定夫妻个人所有的财产

公式二：

法定夫妻个人所有的财产=一方的婚前财产+一方因受到人身损害获得的赔偿或者补偿+遗嘱或者赠与合同中确定只归一方的财产+一方专用的生活用品+其他应当归一方的财产

① 夫妻一方个人财产的计算要点

夫妻一方个人财产不因婚姻关系的延续而转化为夫妻共同财产（当事人另有约定的除外）

② 一方因受到人身损害获得的赔偿或者补偿计算公式

一方因受到人身损害获得的赔偿或者补偿=医疗费+残疾人生活补助费+精神抚慰金+一次性工伤伤残补助金+交通补助费+营养补助费+住院伙食补助费+护理费+假肢安装费+军人的伤亡保险金+军人伤残补助金+军人医药生活补助费+其他一方因受到人身损害而获得的赔偿或者补偿

继承纠纷诉讼流程图

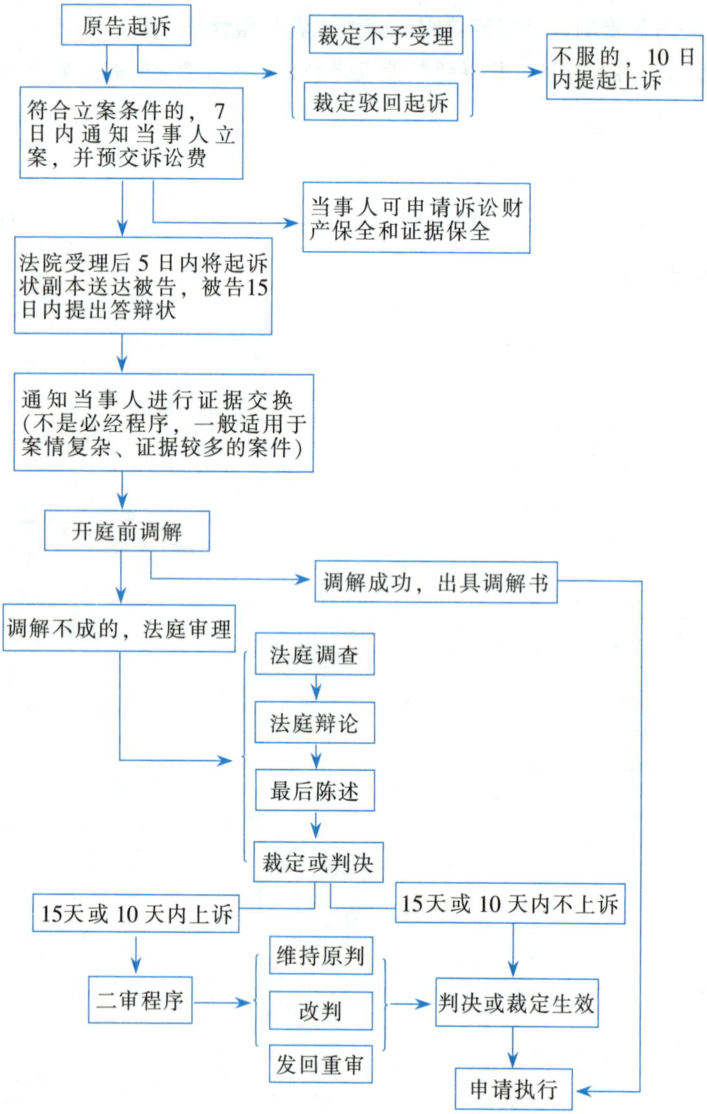
原告起诉
裁定不予受理
裁定驳回起诉
不服的，10日内提起上诉
符合立案条件的，7日内通知当事人立案，并预交诉讼费
当事人可申请诉讼财产保全和证据保全
法院受理后5日内将起诉状副本送达被告，被告15日内提出答辩状
通知当事人进行证据交换(不是必经程序，一般适用于案情复杂、证据较多的案件)
开庭前调解
调解成功，出具调解书
调解不成的，法庭审理
法庭调查
法庭辩论
最后陈述
裁定或判决
15天或10天内上诉
15天或10天内不上诉
二审程序
维持原判
改判
发回重审
判决或裁定生效
申请执行

重要法律术语速查表

续表

续表

法律术语	页码
因继承产生的民事关系	第 3 页
再婚时对所继承遗产的处分	第 107 页
转继承	第 97 页
酌情分得遗产权	第 46 页
自书遗嘱	第 54 页

图书在版编目（CIP）数据

民法典继承编解读与应用 / 李连宇编著 .—北京：中国法制出版社，2023. 4

（法律法规新解读丛书）

ISBN 978-7-5216-3353-5

Ⅰ. ①民… Ⅱ. ①李… Ⅲ. ①继承法-法律解释-中国 Ⅳ. ①D923. 55

中国国家版本馆 CIP 数据核字（2023）第 060016 号

责任编辑：刘海龙　　封面设计：李　宁

民法典继承编解读与应用

MINFADIAN JICHENGBIAN JIEDU YU YINGYONG

编著/李连宇

经销/新华书店

印刷/三河市国英印务有限公司

开本/880 毫米×1230 毫米　32 开　　印张/ 6. 25　字数/ 126 千

版次/2023 年 4 月第 1 版　　2023 年 4 月第 1 次印刷

中国法制出版社出版

书号 ISBN 978-7-5216-3353-5　　定价：20. 00 元

北京市西城区西便门西里甲 16 号西便门办公区

邮政编码：100053　　传真：010-63141600

网址：http：//www. zgfzs. com　　**编辑部电话：010-63141813**

市场营销部电话：010-63141612　　**印务部电话：010-63141606**

（如有印装质量问题，请与本社印务部联系。）

【法融】数据库免费增值服务有效期截至本书出版之日起 2 年。